こんなことは
ありませんか？

● 同じような言い回ししかできない

● 言葉づかいに
自信が持てない

● 困ったとき、
とっさの一言
がでてこない

● なぜか相手を
怒らせてしまう

● 頼みごとをする
のが苦手

● 話の切り出し方
がわからない

● 冷たいと言われる

うまい言い方ができると、こんないいことが！

ふだん使っている言葉のほかに、あなたの印象を変える言葉があります。
この本では、「上手に話せない」「うまく気持ちを伝えられない」という人でも自信を持って話せるようになる、とっておきの言葉を紹介します。

- 信頼される
- 人間関係の幅が広がる
- ほしい情報が集まる
- 相手が快く動いてくれる
- 頭がいい人と思われる
- 話すのが楽しくなる
- 相手と仲良くなれる

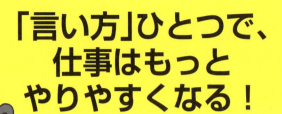

「言い方」ひとつで、仕事はもっとやりやすくなる！

言い方を変えるだけで、人は簡単に動くのじゃ。

できる人は、たった一言でチャンスをつかむ！

「あの人は無茶なことをするのに、なぜか皆から可愛がられるな」と感じたことはないでしょうか。

このような人は、実は見えないところで**言葉の魔法を使いこなしている**のです。

心理学者のロバート・チャルディーニは、人はどんな相手の依頼なら引き受けるかという実験をしました。結果は、好意を抱いている人からの依頼であれば応じやすくなるというものでした。つまり、好かれるだけで相手が思い通りに動いてくれるというわけです。

人に好かれる努力をするのは疲れそうだと思う人もいるでしょう。それは、「好かれるためには、相手に合わせなければならない」と思い込んでいるからです。しかし、実はそんなことはありません。

人はよく接する人や、一緒に何かをすると好意を抱くことがわかっています（単純接触効果・協同の心理）。

　人に好かれるためには、自分だけですべてやろうとしてはいけません。**うまく頼ることです。**人生をうまく動かすには**自分の心を開いて相手に頼り、相手の気持ちを受け止めて、しっかりとこちらの気持ちも返してあげる**ことです。

　そこで、ポイントとなるのが**言い方**なのです。
　人生を思い通りに動かすということは、言葉で人を気持ちよく動かすということでもあります。人に好かれると人脈が広がり、情報やお金も集まり始めます。言葉を自在に使いこなせるようになると、チャンスをつかみ自分の人生を自分で動かせるようになるのです。
　仕事をするとき、とにかく効率的に終わらせようとコミュニケーションを省略しがちです。しかし、それは知らないうちに自分のチャンスを逃しています。人に助けてもらったり、うまく動かしたり、はたまたお客様の怒りを回避するといった「上手に表現する」「上手に頼る」「上手に場を収束させる」ことができると、仕事はもっと効率的に進みます。
　本書では状況別に様々な言い方を紹介しています。言葉の魔法で、あなたの仕事、そして人生が変わるのをぜひ体感してみてください。

本書の使い方

この本では、ビジネスで必要なモノの言い方をシチュエーション別に紹介しています。相手を不快にさせないだけではなく、しっかりと自己主張もできるように、ぜひ活用してください。

使うシーン
ビジネスでよく使うシーンごとに分けて紹介。
知りたいシーンがすぐに探せます。

シチュエーション
どんな状況で使うべきなのか、どういう人に
向けて使うべきなのかを示しています。

ふだん使うフレーズ
ふだん使いがちな言い方を示しています。

印象を変えるフレーズ
印象を変える一言フレーズを紹介しています。

フレーズを用いた例
印象を変えるフレーズを用いた実例や、応用例を
紹介しています。

ワンポイントアドバイス
どのような状況で使うのか、どのような気持ちを伝え
られるのかなど、注意ポイントを紹介しています。

依頼する

相手にお願いをするときは相手の都合を尊重し、依頼したあとには感謝の気持ちを伝えることが大切じゃ。

▼面倒なことをお願いするとき

✗ ○○してほしいのですが…

○ ○○していただけると助かるのですが…

実例 この部分だけ、最新の数字に修正していただけると助かるのですが。

POINT 「急いでくださると助かります」「できるだけ○○してくださると助かります」など、お願いするときに使える万能フレーズです。

▼急なお願いをするとき

✗ ○○していただいていいですか？

○ お忙しいところ申し訳ありませんが…

実例 お忙しいところ申し訳ありませんが、請求書の確認をしていただけますか？

POINT 急な依頼のときは、相手の事情を思いやる言い方を心がけましょう。

本書の構成

第1章 一言で印象を変える！ 基本のフレーズ

敬語をはじめ、依頼・催促・感謝など、社会人としてよく使う基本のフレーズを紹介しています。

第2章 絶対に信頼される！ 鉄板フレーズ

初対面やミスをしたときなど、少し気を使わなければならないときに使いたい一言フレーズを紹介しています。

第3章 つき合い上手になる！ 親しみフレーズ

相手と仲良くなりたいときや、答えにくい質問をされたときに使える切り返しの一言や聞き方を紹介しています。

第4章 電話・メールで使える！ 便利フレーズ

相手の顔が見えないコミュニケーションでの、よく使う便利なフレーズを紹介しています。

こんなときに使ってください

- お客様に挨拶するときに
- お客様に提案をするときに
- 依頼・催促をしたいときに
- 上司・先輩に相談・報告するときに
- 高まった気持ちを伝えたいときに
- まだ仲良くない人に話しかけるときに
- 電話をかけるときの確認に
- メールを送るときの確認に

接し方のポイント

男性　男性は自分の行動によって優れた結果を出したことや、行動自体をほめられると自尊心が満たされ快く動いてくれます。男性は縦並びの意識が強く、「上司が言うなら」と納得したり、「この人にはかなわない」と思う人には忠誠を尽くす傾向があります。

女性　女性は感情に共感してもらい、自身を認めてもらえる言い方をされると心を許してくれます。女性は横並びの意識が強くあるので、「周囲の人と同じであること」「共有すること」を重んじる接し方をすると仲間意識を持ってくれます。

上司 先輩　一生懸命さをアピールできると、上司や先輩から可愛がられます。アドバイスをもらったとき、ご飯をおごってもらったとき、そして仕事のミスをフォローしてもらったときに感謝の気持ちを示しておくことが大切です。

年上 部下　様々な経験を積んでいる年上部下は、自分以外の「特定の人の特別扱い」には敏感です。相手に頼るくらいの気持ちで「尊重されている」「居場所がある」ということを実感させる言い方を心がけましょう。

登場人物紹介

神さま

悩んでいるときだけ、
目の前に現れる神さま
(なぜか関西弁)

佐藤くん

言い方を間違えてよく
失敗する営業マン

モノの言い方のポイント ……………… 16

一言そえるだけで、印象がぐっとよくなる
「魔法のことば」……………… 18

第1章
一言で印象を変える！基本のフレーズ

基本の敬語 ……………… 26

依頼する ……………… 36

確認・念押しする ……………… 44

催促する ……………… 49

感謝・ほめる ……………… 54

Column 社会人なら知っておきたい！
仕事でよく使うカタカナ語・略語 …… 64

第2章
絶対に信頼される！鉄板フレーズ

挨拶する	66
来客に応対する	73
承諾・同意する	79
保留する	82
断る	85
謝る	92
交渉する	99
誘う	107
説明・反論する	109
報告・相談する	117
指示・フォローする	122
お祝い・慰労・お悔やみ・お見舞い	126

第3章
つき合い上手になる！親しみフレーズ

雑談する ……………………………………… 130

困ったときの一言 …………………………… 143

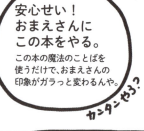

第4章
電話・メールで使える！便利フレーズ

大人なら覚えておきたい電話の基本 ……… 152

電話をかける・うける ……… 154

電話をうけるときの10のポイント ……… 166
電話をかけるときの10のポイント ……… 167

大人なら覚えておきたいメールの基本 ……… 168

メールを送る ……… 170

メールを送るときの10のポイント ……… 186

Column 好印象を与えるメールのコツ ……… 187

あとがき ……… 188

装丁　西垂水敦(krran)
本文デザイン・イラスト　土屋和泉
図表　横内俊彦

不快感を与えず相手を動かす！
モノの言い方のポイント

頭ごなしな否定・マイナス・断定の表現は避ける

「〜はできません」「〜のはずですが」と相手の気持ちを一方的に遮断する言葉は避けるようにしましょう。たとえ先方の勘違いであっても、「おっしゃる通りですね。しかし…」など、まずは受け止める言葉を入れてから、こちらの意見を言いましょう。

「クッション言葉」を使う

相手に何かお願いをするとき、「恐れ入りますが」「差しつかえなければ」などのクッション言葉を入れるとやわらかい印象になり、相手が「聞く耳」を持ってくれやすくなります。
状況に応じて色々な表現を使いこなせるようにしておきましょう。

問いかけの言い方で、相手に選択する余裕を与える

言いにくいことも「〜してください」という言い方より、「〜していただけませんか？」「お時間はございますか？」という問いかけの言い方にしましょう。「困っているので助けてほしい」というニュアンスが相手に伝わります。

「すみません」を「ありがとうございます」に変える

依頼を引き受けてくれた相手に、「すみませんでした」という言葉を使うと、どうしても相手にマイナスな印象を与えがちです。
「ありがとうございました」で、感謝の気持ちを伝えたほうが、お互い気持ちよく接することができます。

期日や数量などは「具体的に」示す

日本では、相手の気持ちを配慮するあまりに具体的なことを濁したり、あうんの呼吸に頼りがちです。
何かを相手にお願いするときは、クッション言葉を使いつつも、期日や数量などの数字を具体的に示すことで、勘違いやミスを減らすことができます。

一言そえるだけで、印象がぐっとよくなる「魔法のことば」

これらの言葉が口からすぐ出るようになれば、相手とのコミュニケーションもずっとラクになるはずじゃ。

1 ▼ お願いをするとき

恐れ入りますが(恐縮ですが)

使い方
恐れ入りますが、折り返しお電話をいただけますでしょうか。

POINT
感謝の気持ち、申し訳ない気持ちを含む表現です。相手に依頼をするときに使います。「恐縮ですが…」を使うと、より丁寧な印象を与えます。

2 ▼ 立ち入ったことを聞くとき

差しつかえなければ

使い方 差しつかえなければ、担当のかたの連絡先をお教えいただけますか?

POINT 電話番号・住所・名前・メールアドレスなど、少し立ち入ったことを聞くときや、相手を尊重しながら何かを聞きたいときに使います。

3 ▼ 感謝の気持ちを伝えるとき

ありがとうございます

使い方 ご配慮ありがとうございます。

POINT 感謝の気持ちを伝える万能フレーズです。「ご足労くださりありがとうございます」「〜を頂きありがとうございました」など、日常でよく使う表現です。

4 ▼ 提案・指示などに納得した、理解したとき

承知しました（かしこまりました）

使い方 面会日の変更の件、承知いたしました。

POINT お客様や目上の人に対して承諾の意思を伝える表現です。「了解しました」はお客様や目上の人には使いません。

5 ▼ 無理なお願いをするとき

申し訳ありませんが

使い方 申し訳ございませんが、
納期を1日延ばしていただくことは可能でしょうか？

POINT 主に謝罪の気持ちを伝えるときに使います。「恐れ入りますが」と違い、相手に対して失礼があったり迷惑をかけた場合に使われることが多いです。

6 ▼ 面倒なことをお願いするとき

お手数をおかけしますが

使い方 つきましては、お手数をおかけしますがどうぞよろしくお願い申し上げます。

POINT 感謝とお詫びの両方の気持ちを伝える表現です。こちらのために何かをしてくれる相手に対して使います。

7 ▼ 唐突に質問・発言をするとき

失礼ですが

使い方 失礼ですが、もう一度お名前を教えていただけますでしょうか？

POINT 相手に質問をするとき、唐突な印象を与えないようにする表現です。立ち入ったことを聞くときや、聞きにくい質問や言いにくい発言をする前に使います。

8 ▼ 希望を伝えるとき

幸いです

使い方 明後日までにお返事いただけると幸いです。

POINT 相手にとって面倒なことを依頼するときに使います。前に「もしよろしければ」「差しつかえなければ」をつけると、より丁寧です。

9 ▼ 自分の都合を伝えたいとき

誠に勝手ながら

使い方 誠に勝手ながら、明日は休みをいただきます。

POINT こちらの都合で、相手に迷惑をかけてしまうかもしれないときに使います。

10 ▼ 相手のおかげでうまくいったとき

おかげさまで

使い方 おかげさまで、無事納期に間に合いました。

POINT お世話になった人・いつもお世話になっている人に感謝の気持ちを伝える表現です。「ありがとうございました」とセットで使いましょう。

第 1 章

一言で印象を変える！
基本のフレーズ

> この章では、大人として身につけておきたい仕事の基本フレーズを紹介します。クッション言葉を使いながら、相手に快く動いてもらう言い回しができると好印象です。まずは、基本の敬語を自由に使いこなす練習から始めていきましょう。

大人なら覚えておきたい敬語の基本

敬語がマスターできれば、周囲に信頼されるのじゃ。

敬語の基本をマスターしよう！

　敬語がきちんと使えると、周囲から信頼されます。敬語は仕事でもプライベートでも使うので、使いこなせると目上の人と話すときやプレゼンの場面などでも、自信を持って話せるようになります。

　聞き手・話し手、社内・社外を意識し使うようにしましょう。

尊敬語
目上の人を敬う表現で、相手を立てたいときに使う。

謙譲語
自分がへりくだる表現で、自分を下げることで相手を立てたいときに使う。

丁寧語
聞き手に対して敬意をもって丁寧に述べる表現で、「です」「ます」「ございます」をつけて使う。

敬語の変換表

	尊敬語	謙譲語	丁寧語
する	なさる される	いたす	します
行く	いらっしゃる	参る うかがう	行きます
来る	いらっしゃる お見えになる お越しになる	参る	来ます
言う	おっしゃる 言われる	申し上げる 申す	言います
聞く	お聞きになる	拝聴する うかがう	聞きます
知る	ご存じ	存じ上げる 存じる	知っています
いる	いらっしゃる	おる	います
見る	ご覧になる 見られる	拝見する	見ます
会う	お会いになる 会われる	お目にかかる お会いする	会います
食べる	召し上がる	いただく	食べます
尋ねる	お尋ねになる	うかがう	尋ねます
与える	お与えになる くださる	差し上げる	あげる 与えます

基本の敬語

自分のことか相手のことか、どの立場の人のことを言うかによって尊敬語・謙譲語・丁寧語を使い分けるのじゃ。

▼ どちらがいいかを確認をする

✗ ○○のほうでよろしかったでしょうか。

○ ○○でよろしいでしょうか？

実例 小型のものがお好みとのことですが、A案でよろしいでしょうか？

POINT 「〜のほう」や「よろしかった」は、ビジネスでは使いません。入れずにすっきりとした表現をしましょう。

▼ ものを見せるとき

✗ こちらが見本になります。

○ ○○をお持ちしました。

実例 パッケージの見本をお持ちしました。

POINT 「〜になります」もビジネスでは使いません。「お持ちしました」や「ございます」という言い方のほうが丁寧な表現です。

▼ 相手の要求を承諾するとき

✕ お承りします。

⭕ 承ります。

実例 こちらでご注文を承ります。

POINT 承るは「受ける」の謙譲語です。尊敬語の「お」をつけると過剰な敬語になり、不自然です。

▼ お客様が来たことを伝えるとき

✕ お見えになられました。

⭕ お見えになりました。

実例 課長、A社の佐藤さんがお見えになりました。

POINT 「来る」の尊敬語「お見えになる」に「れる」をつけることは、過剰な敬語で間違いです。

▼ 相手が商品に興味を示しているとき

✕ ご覧になられますか？

⭕ ご覧になりますか？

実例 このシリーズは別の色もございますが、ご覧になりますか？

POINT 「ご覧になる」に「れる」をつけることも、二重敬語で不自然な表現です。

▼目上の人の発言を伝えるとき（社内で使う）

✗ 課長がおっしゃられていました。

◯ 課長がおっしゃっていました。

実例 「会議は帰社してから行う」と課長がおっしゃっていましたよ。

POINT 「言う」の尊敬語は「おっしゃる」です。ここでも「れる」をつけて二重敬語にならないようにしましょう。

▼目上の人の発言を伝えるとき（社外で使う）

✗ ◯◯部長がおっしゃっていました。

◯ 部長の◯◯が申しておりました。

実例 「一度お話をうかがいたい」と、弊社の部長の佐藤が申しておりました。

POINT 社外の人に社内の人の言動を伝えるとき、「おっしゃる」などの尊敬語は使いません。

▼伝言を預かったとき（社外で使う）

✗ ◯◯部長にお伝えします。

◯ 部長の◯◯に申し伝えます。

実例 承知しました。では、部長の佐藤に申し伝えます。

POINT 社外の人の伝言を社内の人へ伝えたいとき、自社の社員を立てる表現は使いません。

▼ 相手に名前を聞くとき

✕ お名前を頂戴してもよろしいですか？

○ お名前をお聞かせいただけますでしょうか？

実例 恐れ入ります。お名前をもう一度お聞かせいただけますでしょうか？

POINT 「頂戴する」は名刺をもらうときなどに使う表現。名前を聞くときは使いません。

▼ 相手に選んでもらうとき

✕ どちらにしますか？

○ どちらになさいますか？

実例 コーヒーと紅茶の、どちらになさいますか？

POINT 「する」の尊敬語は「なさる」です。目上の相手が起こす行動については尊敬語を使います。

▼ 相手に見てほしいとき

✕ 拝見していただきたいのですが

○ お見せしたいのですが

実例 実は本日、佐藤さまにぜひお見せしたいものがあるのですが。

POINT 「拝見する」は「見る」の謙譲語で、立てるべき相手の行為に謙譲語は使いません。この場合は、「お見せする」「ご覧に入れる」などが適切です。

▼ すぐに作業を始める意思を伝えるとき

✕ すぐにやりますね。

○ すぐに取りかかります。

実例 承知しました。では、すぐに取りかかります。

POINT 相手の指示を理解した・納得したときの意思表示として使います。「します」「やります」よりも、少し丁寧な表現です。

▼ 時間外に施設を使いたいと言われたとき

✕ ご利用できません。

○ ご利用いただけません。

実例 申し訳ございません。この時間はご利用いただけません。

POINT 「利用できません」という丁寧語に「ご」をつけて使うのは間違いです。この場は「いただけません」「なれません」を使います。

▼ 受付に聞いてもらいたいとき

✕ 受付にうかがってください。

○ 受付におたずねください。

実例 面会時間については、受付におたずねください。

POINT 「うかがう」は「聞く」の謙譲語。お客様を立てるときは尊敬語を使います。この場合、「お聞きください」でも問題ありません。

▼ 話しているときに電話がかかってきたとき

✕ ちょっとすみません。

◯ 失礼いたします。

実例 失礼いたします。(このあと携帯電話を見る)

POINT 面会中に電話に出るのは、基本的によくありません。どうしても出なければならないときは、一言そえるようにしましょう。

▼ 相手に準備をしてもらいたいとき

✕ こちらをご用意できますか？

◯ こちらをご用意いただけますか？

実例 登録するにあたり、こちらをご用意いただけますか？

POINT 「ご〜できる」は相手の行為を言うときには使いません。「ご利用できます」「ご乗車できません」なども間違いです。

▼ 資料を作ったとき

✕ 書かさせていただきました。

◯ 作成いたしました。

実例 プレゼンの資料を作成いたしました。

POINT 「さ入れ言葉」に注意しましょう。「休まさせていただきます」「おごらさせてください」なども間違いです。

第1章 基本の敬語

▼ 相手の様子を気づかうとき

✗ どうかしたのですか？

○ どうかなさったのですか？

実例 佐藤さん、今日はお顔の色がすぐれないようですが、どうかなさったのですか？

POINT 「する」の敬語表現は、尊敬語の「なさる」になります。自分の行動に対しては「いたす」という謙譲語を使います。

▼ 目上の人の言動について話すとき

✗ 毎週ゴルフをおやりになるそうですね。

○ 毎週ゴルフをなさるそうですね。

実例 課長は毎週ゴルフをなさるそうですね。

POINT 目上の人の言動を丁寧に表現する場合は「なさる」を使います。社外の人に伝えるときは、「弊社の○○は〜を致します」と言います。

▼ できるかどうかたずねるとき

✗ エクセルできますか？

○ エクセルはお使いになりますか？

実例 課長、エクセルはお使いになりますか？

POINT 相手の能力を確認する言い方は失礼です。「〜なさいますか？」など、する習慣・使う習慣を聞くように心がけましょう。

▼ 知っているかたずねるとき

✕ 知ってますか？

○ ご存じですか？

実例 トランプ氏が大統領に選ばれたのはご存じですか？

POINT 「存じ上げる」は対象が人の場合、「存じる」は対象が物や出来事の場合に使うのが一般的です。

▼ 説明が必要か聞くとき

✕ お教えしましょうか？

○ ご説明いたしましょうか？

実例 よろしければ、ご説明いたしましょうか？

POINT 「教える」という言葉自体が上から下への行為を指すので、この場合「ご説明いたします」「ご説明申し上げます」のほうが好印象です。

▼ 指示を仰ぐとき

✕ どうしますか？

○ いかがいたしましょうか？

実例 S社の部品のほうが、早く出荷できます。いかがいたしましょうか？

POINT 相手が自分に対してしてほしいことを問う場合に使います。「いかがなされますか？」は、相手の行動を問う言い方になります。

▼ 来客を案内するとき

✗ お客様をお連れしました。

◯ お客様がお見えになりました。

実例 課長、A社の佐藤様がお見えになりました。

POINT 「連れる」は同列かそれ以下の人に対して使うので、お客様に対しては不適切です。「○○様をご案内しました」を使ってもいいでしょう。

▼ 身内の死を伝えるとき

✗ 祖母が逝去しました。

◯ 祖母が亡くなりました。

実例 先日祖母が亡くなりまして、一時帰省しておりました。

POINT 身内のことは「亡くなりました」「他界しました」を使い、身内以外のことには「逝去されました」を使います。ペットには「死にました」を使うのが適切です。

▼ 外出するとき

✗ 行ってきます。

◯ 行ってまいります。

実例 行ってまいります。5時に戻ります。

POINT 外出するとき、社内の人に向かって言う基本の挨拶です。送り出す側は、「行ってらっしゃい」「行ってらっしゃいませ」を使います。

▼ 外出先から戻ったとき

✕ ただいま。

 ただいま戻りました。

実例 ただいま戻りました。

POINT 外出から戻ったとき、社内の人に向かって言う基本の挨拶です。

▼ 社内の人が外出先から戻ってきたとき

✕ ご苦労さまです。

 お疲れ様です。

実例 佐藤先輩、お疲れ様です。

POINT この他に「お帰りなさい」という言い方もあります。目上の人には「お疲れさまでございました」と言うと、より丁寧な印象を与えます。

▼ 先に帰宅するとき

✕ 先に帰ります。

 お先に失礼いたします。

実例 課長、お先に失礼します。

POINT １日の仕事を終えて帰宅するとき、社内の人に向かって言う別れの挨拶です。

第1章 基本の敬語

依頼する

相手にお願いをするときは相手の都合を尊重し、依頼したあとには感謝の気持ちを伝えることが大切じゃ。

▼面倒なことをお願いするとき

✗ ○○してほしいのですが…

○ ○○していただけると助かるのですが…

実例 この部分だけ、最新の数字に修正していただけると助かるのですが。

POINT 「急いでくださると助かります」「できるだけ○○してくださると助かります」など、お願いするときに使える万能フレーズです。

▼急なお願いをするとき

✗ ○○していただいていいですか？

○ お忙しいところ申し訳ありませんが…

実例 お忙しいところ申し訳ありませんが、請求書の確認をしていただけますか？

POINT 急な依頼のときは、相手の事情を思いやる言い方を心がけましょう。

▼ 提案を検討してもらいたいとき

✕ 考えておいてください。

○ ご検討のほど、よろしくお願いいたします。

実例 見積りの件も、ご検討のほどよろしくお願いいたします。

POINT 目上の人に「考えておいてください」と言うと、角が立ちます。「ご確認のほど」「ご連絡のほど」なども、ビジネスではよく使います。

▼ 資料に目を通しておいてもらいたいとき

✕ これを読んでおいていただけますか？

○ ご一読いただければ幸いです。

実例 主な取引先については、先ほどお渡しした資料をご一読いただければ幸いです。

POINT 「読んでおいてください」では上から目線の言い方になり、不躾な印象になります。「読みました」と言う場合は「拝読しました」を使います。

▼ 注文をお願いするとき

✕ 注文お待ちしております。

○ お申しつけください。

実例 すぐに資料をお送りしますので、気軽にお申しつけください。

POINT お客様が迷っているときなどに使える、信頼性を高める言い方です。「ご用命ください」とう言い方もあります。

▼ 期限を延ばしてほしいとき

✗ 延ばせませんか？

〇 ご猶予をいただけるとありがたいのですが…

実例 見積りの件、あと1日ほどご猶予をいただけるとありがたいのですが…。

POINT 予想以上に時間がかかってしまいそうなとき、相手に延期を打診する言い方です。必要な時間を明確に示すほうが、印象を悪くしません。

▼ まだ余裕があるがお願いしておきたいとき

✗ 暇なときにお願いします。

〇 お手隙の際に○○いただければと思います。

実例 お手隙の際に、お電話かメールにてご連絡いただければと思います。

POINT 「お手隙の際に」は相手に対して使う表現です。「お手隙の際に確認します」など自分に対しては使いません。

▼ こちらの状況を受け入れてもらいたいとき

✗ 弊社も事情がございまして…

〇 勝手なお願いで申し訳ないのですが…

実例 勝手なお願いで申し訳ないのですが、見積りの件ご検討いただけると助かります。

POINT 相手の事情を思いやることで、要求も受け入れてもらいやすくなります。「厚かましいお願いですが」でも丁寧で好印象です。

▼手を貸してほしいとき①

✕ 今、手が空いてますか？

◯ ◯◯さんはこの分野に詳しいですよね？

実例 実は明日の会議までに調べないといけないことになりまして……佐藤さんはこの分野に詳しいですよね？

POINT 相手の経験を尊重した言い方なので、先輩にお願いしたいときに使える表現です。

▼手を貸してほしいとき②

✕ できればお願いします。

◯ 差しつかえなければお願いします。

実例 差しつかえなければ、資料の確認をお願いします。

POINT 「できれば」という言い方だと、相手を尊重していない上に消極的な伝え方になってしまいます。

▼急ぎでお願いするとき①

✕ 急いでいるのでお願いしたいのですが…

◯ 少々お時間をいただくことになるかもしれないのですが…

実例 少々お時間をいただくことになるかもしれないのですが、お願いできますでしょうか？

POINT 簡単な作業であっても相手の時間を割いてやってもらうことになるので、丁寧な依頼の言い方をしましょう。

第1章 依頼する

▼ 急ぎでお願いするとき②

✗ ちょっといいですか？

○ **お仕事を中断してしまい申し訳ありません。**

実例 お仕事を中断してしまい申し訳ありません。A社の部長から急ぎの電話がかかっておりまして。

POINT どうしても、今すぐ目上の人に話を聞いてもらいたいときは、このフレーズを使います。

▼ 無理なことをお願いするとき

✗ 無理を承知で申し上げるのですが…

○ **他に相談できる方もおらず…**

実例 他に相談できる方もいないので、佐藤先輩にお話しするのですが…。

POINT 「あなたしかいない」と頼まれると、助けてあげたい心理が働きます。目上の人にお願いするときに使える表現です。

▼ 値引きを検討してほしいとき

✗ なんとか安くしていただけないでしょうか？

○ **当社も苦しいもので、ご協力いただけると助かるのですが…**

実例 当社も苦しいもので、発送費の部分を少しご協力いただけると助かるのですが。

POINT 自社の事情を理解していただきたいときに使うフレーズです。

▼強く相手にお願いするとき

✕ という訳にはいきませんか？

 伏してお願いいたします。

実例 ご送金していただきたく、伏してお願い申し上げます。

POINT 強いお願いの気持ちを低姿勢で表現できる言い方です。切羽詰まっている状況が相手に伝わります。

▼間違わないようにお願いしたいとき

✕ 次回は○○しないでくださいね。

 次回からは○○していただけると助かります。

実例 次回からは、提出前に一度確認していただけると助かります。

POINT 「〜しないでください」と否定の言い方をするよりも、やってほしいことを伝えるほうが前向きに仕事にとりかかってもらえます。

▼仕事を依頼するとき

✕ やってもらえませんか？

 ○○さんにやっていただけるとうれしいのですが…

実例 最終チェックを田中さんにやっていただけると、大変うれしいのですが。

POINT 「助かります」「幸いです」よりも、相手に期待感を寄せる言い方です。信頼している人に任せるとき、部下に任せるときに使いたい表現です。

第1章 依頼する

▼ 協力的でない人にお願いするとき

✗ ○○してくださいよ。

○ **皆忙しくしておりますので、できるだけ……**

実例 皆忙しくしておりますので、できるだけ電話をとっていただけると大変助かります。

POINT 協力的でない人に対して、周囲の事情も伝えながらお願いする言い方です。

▼ 部下に仕事の協力をお願いして断られたとき

✗ なんだその態度は！

○ **1時間だけでも、お願いできないかな？**

実例 申し訳ないね。皆にも協力してもらっているから、1時間だけでもお願いできないかな？

POINT 依頼するときは一方的にお願いするより、「〜時間だけでも」など時間を明確にして依頼をすると困っているニュアンスが伝わります。

▼ 部下にやり直しをさせるとき

✗ やり直してください。

○ **もう少しブラッシュアップできそうだね。**

実例 この企画は、もう少しブラッシュアップできそうだね。

POINT 企画や提出物に対して改善してほしい場合は、できるだけポジティブな言い方で指摘しましょう。

▼訂正をお願いするとき

✗ ここをやり直していただきたいのですが…

○ 一部、ご相談したい箇所がございまして…

実例 大変すばらしい資料をありがとうございます。一部、ご相談したい箇所がございまして。

POINT 不備があっても、真向から否定すると印象がよくありません。まずは、相手がやってくれたことに感謝を示し、依頼をしましょう。

▼早く退社したいとき

✗ 早く帰りたいのですが…

○ お先に失礼してよろしいでしょうか？

実例 本日病院へ行く予定がございまして、お先に失礼してよろしいでしょうか？

POINT 職場環境によっては言いづらい場合もありますが、許可を求める言い方にすれば角が立ちません。

▼会社を休みたいとき

✗ 今日はお休みしたいのですが・・・

○ 今日は休みたいのですが…

実例 昨日から体調を崩しておりまして、本日は休みたいのですがよろしいでしょうか？

POINT 「お休み」は「お酒」のような美化語の一つ。休むのは自分なので基本的に「お」はつけませんが、「お休みをいただく」など名詞で使うことはできます。

第1章 依頼する

確認・念押しする

相手に不備があったとしても、相手を責めずに謙虚な言い方をすることで受け入れてもらいやすくなるのじゃ。

▼ 相手が理解しているか確認するとき

✗ おわかりいただけましたか？

○ **説明不足の点はありませんでしょうか？**

実例　新商品については以上です。説明不足の点はありませんでしょうか？

POINT　「わかりますか？」と言うと、相手の能力を疑うような言い方になり失礼です。相手を立てた言い方をしましょう。

▼ 注意してほしいことを伝えるとき

✗ くれぐれもお願いしますね。

○ **あらかじめご了承ください。**

実例　交通事情により商品の到着が遅れることがございますので、あらかじめご了承下さい。

POINT　想定される懸念事項を、先に伝えておくときの言い方です。予防線をはる言い方をすることは、リスク回避にもなります。

▼説明不足の上司に詳しく聞きたいとき

✗ よくわからないのですが…

知識不足で申し訳ないのですが…

実例 知識不足で申し訳ないのですが、経緯をもう一度詳しく教えていただけますか？

POINT くわしく説明してもらう言い回しです。相手の説明不足であっても相手を非難せず、相手を立てる言い回しで聞き出しましょう。

▼聞いた内容を確認するとき

✗ え？ 何ですか？

私の聞き違いかもしれませんが…

実例 私の聞き違いかもしれませんが、お名前は佐藤幸一様でよろしいでしょうか？

POINT 相手の間違いであっても間違いを指摘せず、相手を立てて確認をする言い方です。

▼相手が連絡もなく遅れているとき

✗ 何かありましたか？

いかがなさいましたか？

実例 2月22日にお会いする約束をしていたかと思うのですが、いかがなさいましたか？

POINT 相手と会う約束をしていたにもかかわらず、相手が来ない場合の言い回しです。相手を非難せず、気づかう言い方をしましょう。

第1章 確認・念押しする

▼ 相手の書いた字が汚くて読めないとき

✗ なんて書いているのですか？

○ なんと読めばよろしいのでしょうか？

実例 恐れ入りますが、この字はなんと読めばよろしいのでしょうか？

POINT 相手の書いた字が読めないときに使う言い回しです。名刺をもらって名前の読み方がわからないときにも使えます。

▼ もう一度同じことを聞くとき

✗ 何度もすみません。

○ たびたび申し訳ありません。

実例 たびたび申し訳ありません、もう１点確認させていただきたいことがございます。

POINT 何度も同じことを聞いてしまうとき、連続して聞きたいことがあるときなどに使う表現です。

▼ 言った内容を確認するとき

✗ ○○でいいですか？

○ ○○ということでよろしいでしょうか？

実例 あんパンを注文なさったにもかかわらず、おはぎが届いたということでよろしいでしょうか？

POINT 相手の言ったことを復唱しながら、要点を確認するときに使う言い方です。お互いの認識を共通にしておくことで、ミスも防げます。

▼話が聞き取れなかったとき

 なんて言いました？

もう一度おっしゃっていただけませんか？

実例 恐れ入りますが、もう一度おっしゃっていただけませんか？

POINT 相手の名前や社名が聞き取れなかったとき使う言い方です。クッション言葉を入れて、丁寧に言うようにしましょう。

▼期日をはぐらかしてくる相手に

 結局いつできるんですか？

最悪の場合、いつになりそうですか？

実例 A社の新商品の納期は、最悪の場合いつになりそうですか？

POINT 先のことで明確にわからない場合であっても、この言い方で最悪のケースを聞いておけば前もって準備をすることができます。

▼確認してほしいことが明確なとき

 確認してください。

今一度確認していただけますか？

実例 新商品の発送日の件、今一度確認していただけますか？

POINT 「今一度」と言うことで、差し迫ったニュアンスを伝えることができます。お互いの認識を共有しておくと、ミスも少なくなります。

第1章 確認・念押しする

▼ 話が長い相手に確認をしたいとき

✕ ○○はどうなりました？

○ 話は変わりますが、○○はその後何か動きはありましたか？

実例 話は変わりますが、先日の案件はその後何か動きはありましたか？

POINT 上司の長い話をやめさせたいときや、仕事の進捗を聞いておきたいとき、「話は変わりますが」で話題を変えるのも方法の一つです。

▼ 以前と指示が違うとき

✕ 先日は○○とおっしゃっていたじゃないですか！

○ では、○○は変更してもよろしいのですね？

実例 では、発送日を8月8日に変更してもよろしいのですね？

POINT 指示をころころ変える人には、念押しで確認しておくことでミスが減らせます。

▼ 優先するべき仕事がわからないとき

✕ どっちを先にやればいいんですか？

○ 今行っている急ぎの仕事はいかがいたしましょうか？

実例 指示は理解いたしました。今行っている急ぎの仕事はいかがいたしましょうか？

POINT 次々仕事を任せてくる人に対する、仕事の優先度を確認する言い回しです。感情的にならず冷静に伝えると、相手も理解してくれます。

催促する

催促をするときは切羽詰った状況が多いもの。そんなときこそ、感情的にならずにスマートな言い回しで伝えるのじゃ。

▼ 積極的に動いてほしいとき

✗ 対応お願いしますね。

○ 具体的な対策を練っていただきたいのですが…

実例 新商品の具体的な販促の対策を練っていただきたいのですが、次の会議までにお願いできますか?

POINT 「具体的」と強調することで相手を動かす言い回しになります。期日と目的を明確に示してお願いするとよいでしょう。

▼ 注意点を周知徹底させるとき

✗ わかっているとは思いますが

○ ご存じとは思いますが…

実例 既にご存じとは思いますが、3月以降は新規会員の受付を停止いたします。

POINT 念押しで相手に確認事項を伝えるときの言い回しです。できないことを明確に伝えるときに有効です。

▼ 協力をお願いするとき

✗ 覚えておいてください。

○ **ご理解とご協力のほど　　お願い申し上げます。**

実例 翌週にイベントを開催するため、期限を延ばすことができません。ご理解とご協力のほどお願い申し上げます。

POINT 相手に強い協力を求めるときの言い回しです。注意事項を述べたあとなどにそえて使います。

▼ 以前話したことを確認したいとき

✗ 先日の○○の件についてお聞きしたいのですが…

○ **○○の件、ご検討いただけましたでしょうか？**

実例 パッケージリニューアルの件、ご検討いただけましたでしょうか？

POINT 一方的に聞き出そうとすると強引な印象を与えます。相手の事情も考慮して、詰め寄りすぎない言い方で様子をたずねましょう。

▼ 遅れている入金を急かすとき

✗ 早く入金していただきたいのですが…

○ **行き違いかもしれませんが、ご入金がまだのようでして…**

実例 行き違いかもしれませんが、お約束の期日をすぎてもご入金がまだのようでして…。

POINT 相手を追い詰めずに、事実をスマートに伝えるほうが相手も事情を言いやすくなります。

▼ 早く動いてもらいたいとき

✗ 早くしてください！

急かすようで申し訳ありませんが…

実例 急かすようで申し訳ありませんが、ご入金のご確認をお願いできますか？

POINT 何度伝えても動いてくれない相手には、気づかいながら切迫感を伝え相手に行動を促す言い方をしましょう。

▼ 相手が約束と違う要求をしてきたとき

✗ 約束は守ってください。

お約束と違うようですが…

実例 お約束と違うようですので、改めて資料のご確認をお願いできますでしょうか？

POINT 約束と違うことを言われたり、されたときに使えるフレーズ。「手元の記録によりますと」など、記録が手元にあると反論がしやすいです。

▼ 相手に危機感を持たせたいとき

✗ いい加減にしてください。

私個人としましてはお取引したいのですが…

実例 私個人としましてはお取引したいのですが、ご同意いただけない場合は会社の方針で取引を打ち切ることになりました。

POINT 相手に強く要求をせずに、相手を動かす言い回しです。最悪のケースを想像させることで相手も危機感を持ち、前向きに動いてくれます。

▼困っている状況をわかってもらいたいとき

✗ 迷惑しているのですが…

○ **支障をきたしておりまして…**

実例 恐れ入りますが、作業が進められず支障をきたしております。

POINT 「色々な人に迷惑がかかって困っている」「おおごとになっている」という切迫したニュアンスを遠回しに伝える言い方です。

▼相手の都合を気づかいつつお願いするとき

✗ お忙しいと思いますが

○ **ご多忙とは存じますが**

実例 ご多忙とは存じますが、ご協力のほどよろしくお願いします。

POINT 相手の状況を気づかうとともに、念押しの意味をこめて使う催促のフレーズです。

▼話題と関係ないことを聞きたいとき

✗ 話が変わるのですが…

○ **つかぬことをうかがいますが**

実例 つかぬことをうかがいますが、先月のＡ社の機械トラブルの件はその後どうなったのですか？

POINT なかなか本題が見えてこないときや、ちょっとしたことについて今聞いておきたいときに使える、切り出しのフレーズです。

▼ どうしても今の段階で確認しておきたいとき

✕ ○○できたか不安になって…

○ せっかちですみません。

実例 せっかちですみません。入金の件で確認しておきたいことがあるのですが…。

POINT 自分の性格のせいにして、相手に確認やお願いをする言い方です。相手のことには一切触れずに、すぐに聞きたいことが聞ける言い方です。

▼ のんびりした相手を急かすとき

✕ いつからやり始めるんですか？

○ あと○○日しかないのですが、大丈夫でしょうか？

実例 あと3日しかないのですが、大丈夫でしょうか？

POINT 残り時間や数量を示すと切迫感が伝わります。「お手間をかけるので、こちらで○○しておきますが？」と言って動かす手もあります。

▼ 部下から報告がないとき

✕ 結果を聞いていないけど？

○ 一言でいいから教えてね。

実例 次の工程の人が待っているから、結果は一言でいいから教えてね。

POINT こちらの問いかけに返事や報告がない部下には、"色々な人が関わっている仕事"という点を強調して伝えましょう。

第1章 催促する

感謝・ほめる

相手を喜ばせる言葉や表現は、日ごろから積極的に使いたいもの。恥ずかしがらずに、さらっと言えると好印象じゃ。

▼心を込めたお礼の言い方

✗ ありがとう。

○ 心から感謝します。

実例 ○○の件ではありがとうございました。心から感謝いたします。

POINT 「心から」を添えることで、より真心が込もった感謝の伝え方になります。

▼いつも力になってくれる人に

✗ いつもありがとうございます。

○ いつも無理を聞いていただき感謝しております。

実例 佐藤先輩には、いつも無理を聞いていただき感謝しております。

POINT 毎回ではなくても相手にお願いを聞いてもらったことがある場合は、「いつも」を入れて感謝の気持ちを伝えます。

▼ こちらの事情を汲んでくれた人に

✗ わかっていただいて…

○ ご勘案いただきまして…

実例 ご勘案いただきまして、ありがとうございます。

POINT 「勘案」は、あれこれよく考えることです。相手に配慮してもらったときの感謝の言い回しです。

▼ 久しぶりに会った相手に

✗ あの時はありがとうございました。

○ その節はお世話になりました。

実例 ご無沙汰しております。その節は大変お世話になりました。

POINT 以前世話になった人に久々に再会したときは、まず感謝の気持ちを伝えましょう。

▼ お礼を言われたとき①

✗ いえいえ、私なんかでよければ。

○ お役に立てて光栄です。

実例 佐藤さんのお役にたてて光栄です。

POINT 「私なんかで」と謙遜するよりも、相手が自分に依頼してくれたことに自信を持って、素直に感謝しましょう。

第1章 感謝・ほめる

▼お礼を言われたとき②

✗ そんなことないですよ。

○ そう言っていただけると、うれしいです。

実例 佐藤さんみたいなできる人に、そう言っていただけるとうれしいです。

POINT 相手からの賞賛の言葉は素直にうけとりましょう。「励みになります」なども使えます。

▼ほめられたとき

✗ めっそうもない。

○ センスがいい人にほめられると、うれしいですね。

実例 センスがいい佐藤さんにほめられると、うれしいです。

POINT 相手をほめつつ、自分が喜んでいることも伝えられるフレーズです。

▼会ってくれた人に対して

✗ 忙しい中、ありがとうございました。

○ 貴重なお時間をいただき、ありがとうございました。

実例 お忙しい中、貴重なお時間をいただきありがとうございました。

POINT どんな簡単なことでも、依頼を引き受けてくれた場合は丁寧にお礼の気持ちを伝えます。

▼プレゼン・交渉などで受注が決まったとき

✕ ご協力いただきありがとうございました。

◯ **ご尽力いただきありがとうございました。**

実例 交渉の件では、ご尽力いただきありがとうございました。

POINT 協力してくれた人に対して感謝の気持ちを示す言い方です。「尽力」とは、目標のために努力して力を出し尽くすことです。

▼プロジェクトをやり終えたとき

✕ お疲れさまでした。

◯ **お力添えいただきありがとうございました。**

実例 新商品の発送の件では、お力添えいただきありがとうございました。

POINT 先輩に手伝ってもらったり、アドバイスいただいた場合に使える言い回しです。

▼ミスを許してくれた人に

✕ 申し訳ありませんでした。

◯ **同じミスは二度としないよう、精いっぱい頑張ります。**

実例 広いお心に救われました。同じミスは二度としないよう精いっぱい頑張ります。

POINT 相手がミスを許してくれた場合は、相手の寛大さに感謝の気持ちを示し、言葉だけではなく行動で誠意を伝えましょう。

第1章 感謝・ほめる

▼アドバイスをくれた人に

✗ 参考になりました。

○ 勉強になりました。

実例 佐藤先輩に同行して、勉強になりました。

POINT 「参考」と言うと上から目線の印象を与えます。「勉強」と言うと、相手のすべてを受け入れている気持ちと積極さが伝わり好印象です。

▼成長したことをほめられたとき

✗ とんでもございません！

○ もったいないお言葉です。

実例 おほめの言葉をいただき、ありがとうございます。私にはもったいないお言葉です。

POINT 成長をほめられたときは、「恐れ多い」という謙虚な気持ちを表現し、感謝の気持ちを伝えるようにします。

▼相手が気づかいをして動いてくれたとき

✗ 気づかいありがとうございました。

○ ご配慮いただきありがとうございました。

実例 お忙しいにも関わらず、ご配慮いただきありがとうございました。

POINT 相手が気をつかって自分のために色々と働きかけてくれた場合の感謝の言葉です。

▼贈り物をいただいたとき

✗ ○○をお送りいただいてありがとうございました。

お心づかいに感謝申し上げます。

実例 結構なお品物を賜りありがとうございました。お心づかいに感謝申し上げます。

POINT 相手が贈り物をくれた場合、心配して声をかけていただいた場合などで使う感謝の言い回しです。

▼頼りになる先輩に気持ちを伝えたいとき

✗ ○○先輩についていきますよ〜！

○○先輩は頼りになるって、みんなで言ってたんですよ。

実例 佐藤先輩は頼りになるって、みんなで言ってたんですよ。

POINT あえて"周囲からの評価"を伝えることで、相手をほめる言い方です。直接ほめられるよりも相手の印象に残ります。

▼経験をほめたいとき

✗ さすがですね。

課長はなんでもご存じですね。

実例 佐藤課長はなんでもご存じですね。

POINT 相手が経験豊かな場合、その経験や知識をほめることで相手の自尊心を満たすことができます。

▼ 周囲の人にお礼を言いたいとき

✕ 皆さん、ありがとうございました。

○ 皆さまが支えてくださったおかげです。

実例 皆さまが支えてくださったおかげで、8月8日のイベントに間に合いました。

POINT どんな仕事でも自分一人で成し遂げることはできません。周囲の立場を尊重して感謝の気持ちを伝えましょう。

▼ 大きな仕事が終わって疲れている人に

✕ お疲れ様でした。

○ お疲れになったんじゃないですか？

実例 佐藤先輩、今日はお疲れになったんじゃないですか？

POINT 「〜でしょう？」「〜なんじゃないですか？」と疑問形で言うことで、相手の気持ちに寄り添い、共感の気持ちを伝えることができます。

▼ 長い間お世話になった人に

✕ お世話になりました。

○ 長い間ご愛顧いただきありがとうございました。

実例 長い間ご愛顧を賜り誠にありがとうございました。

POINT いつもひいきにしてもらっている人に、感謝の気持ちを示す言い回しです。ひきつづき、関係が続く場合は「今後とも〜」を使います。

▼ トラブルで迷惑をかけた相手に

✗ 手こずりましたが、なんとかやり遂げました。

苦慮しましたが、おかげさまで ○○できました。

実例 悪天候だったため少し苦慮しましたが、おかげさまで無事やり遂げることができました。

POINT こちらの都合で相手に迷惑かけてしまったあとや、トラブルが起こったあとなどに使う表現です。

▼ 気の利く相手をほめるとき

✗ 気が利きますね。

ふつうは気が回らないのに、○○さんは気が利きますね！

実例 ふつうは気が回らないのに、佐藤さんは気が利きますね。

POINT "ふつうはできないこと"をほめられると、誰でもうれしいものです。ひたむきに頑張っている人に使いたい言い回しです。

▼ 相談に乗ってもらった人にお礼を言うとき

✗ 忙しい中、すみませんでした。

聞いていただいて、ラクになりました。

実例 佐藤先輩に聞いていただいて、ラクになりました。

POINT 自己開示をすることで、相手も気持ちがほぐれ距離が縮まります。感謝の気持ちと、仲良くしていきたいという意味を込めた伝え方です。

▼部下をほめるとき①

✗ 最近よくなったじゃないか。

○ **○○が、前より顧客視点に立てるようになったね。**

実例 最近、提案書の内容が前より顧客視点に立てるようになったね。

POINT 以前と比べて成長した点を、具体的にほめると部下は喜びます。上司は部下の変化に気づくよう、日ごろから心がける必要があります。

▼部下をほめるとき②

✗ よくできているじゃないか。

○ **この資料、内容がよく伝わってくるね。**

実例 この資料、企画の内容がよく伝わってくるね。

POINT 資料を丁寧に作成した部下に対してのほめ言葉です。小さなことでもほめるようにすると、部下はやる気を出して取り組んでくれます。

▼部下をほめるとき③

✗ ○○さんのおかげだよ。

○ **○○さんにお願いしてよかったよ。**

実例 佐藤さんにお願いしてよかったよ。

POINT 相手の自尊心を満たすほめ言葉です。部下が大きな仕事をひとつ終えたときなどに使うとよいでしょう。

▼部下をほめるとき④

✗ さすが○○さん！

○ ○○さんは、いつも仕事が早いね！

実例 佐藤さんはいつも仕事が早いですね。

POINT いつもクオリティの高い仕事をしている人に対する賞賛のフレーズ。「いつも丁寧だね」「いつもよく気がつくね」など、使ってみましょう。

▼部下をほめるとき⑤

✗ 信頼しているよ。

○ ○○君に安心して任せられるよ。

実例 これで、佐藤君に安心して任せられるよ。

POINT 担当している仕事を部下が一人前にやり遂げたときに使えるほめ言葉です。言われた相手も、自信を持って仕事に取り組むことができるでしょう。

▼部下をほめるとき⑥

✗ 毎日頑張っているじゃないか。

○ ○○を頑張っているみたいだね。

実例 今月は、顧客分析を頑張っているみたいだね。

POINT あなたをちゃんと見ていますよというほめ方をされると、部下は上司に信頼を寄せます。

Column

社会人なら知っておきたい！
仕事でよく使うカタカナ語・略語

ビジネスでは、カタカナ語や略語を目にする機会が多くあります。異なる業界の人とやり取りする際には、業界用語はひかえて、わかりやすい言葉で伝えましょう。

ＭＴＧ（meetingの略）	会議のこと。
NR（ノーリターンという和製英語の略）	会社に寄らずに外出先から直接家に帰ること。
ASAP（As Soon As Possibleの略）	「できるだけ早く」という意味。
FYI（For Your Informationの略）	「ご参考までに」という意味。メールで使うことが多い。
ペンディングする	保留すること。
コンセンサスをとる	関係者に合意を得ること。
イニシアチブをとる	率先して発言したり行動すること。
アサインする	任命すること。
リスケする（リ・スケジュールの略）	予定を組み直すこと。
ペイする	投資した金額を回収すること。
タスク	自分に課せられた仕事、職務。
エビデンス	証拠、言質。
クラウドソーシング	不特定多数に業務委託をする仕事の形態。
バッファ	時間的、コスト的な余裕。もしくはクッションの役割になる人。
シナジー	相乗効果のこと。

第2章

絶対に信頼される！
鉄板フレーズ

この章では、初対面・ミスが起きたとき・反論したいときなど、特に相手に気を使わなければならない状況での対応フレーズを紹介します。困った状況のときこそ、相手から信頼を勝ちとるチャンスです。日ごろから、"大人だな"と思わせる言い回しを覚えておきましょう。

挨拶する

初対面は、相手から信頼を勝ち取る最初のチャンス。丁寧な言い方と笑顔で接するように心がけるのじゃ。

▼基本の挨拶の言い方

✕ お世話さまです。

◯ いつもお世話になっております。

実例 いつもお世話になっております。本日もよろしくお願いいたします。

POINT お世話になっている相手に会ったときの、挨拶の言い方です。ビジネスでよく使う基本のフレーズです。

▼初対面での挨拶の言い方①

✕ はじめまして。

◯ はじめてお目にかかります。

実例 はじめてお目にかかります。A社の佐藤幸一と申します。

POINT はじめて会った人に対する、挨拶の基本フレーズです。「はじめまして」よりも丁寧で大人な印象を与えます。

▼初対面での挨拶の言い方②

✗ お話できてうれしいです。

以前からゆっくりお話ししたいと思っておりました。

実例 佐藤さんとは、以前からゆっくりお話したいと思っていたんですよ。

POINT 相手にとても興味を持っているというメッセージが伝わります。相手に関心を示すと、相手も自分に興味を持ってくれます。

▼付き合いのある人への挨拶

✗ いつもありがとうございます。

いつも○○していただけるのでありがたいです。

実例 いつも率直な意見を言っていただけるのでありがたいです。

POINT いつもお世話になっている人には、日ごろの対応に感謝の気持ちを示してから、話を始めましょう。

▼以前一緒に仕事をしていた人と再び会うとき

✗ お久しぶりですね。

またお仕事ができて光栄です。

実例 佐藤さんとまたお仕事ができて光栄です。

POINT 久しぶりに仕事を一緒をすることになった人にも、うれしい気持ちを示すと好印象です。

▼ 名刺をもらったとき

✕ ありがとうございます。

○ 頂戴します。

実例 頂戴いたします。よろしくお願いいたします。

POINT 「頂戴する」は「いただく」よりも、あたらたまった言い方です。受付で名刺をもらうときは、「お預かりします」と言います。

▼ 名前の読み方がわからないとき

✕ なんて読むんですか？

○ どのようにお読みすればよろしいでしょうか？

実例 失礼ですが、どのようにお読みすればよろしいでしょうか？

POINT 相手が名乗ってきたが聞き取れず、また名刺に書いてある名前の読み方がわからず迷った場合に使うフレーズです。

▼ 自己紹介が遅れたとき

✕ 遅くなってすみません。

○ 申し遅れましたが…

実例 申し遅れましたが、私は株式会社Ａ社営業部佐藤と申します。

POINT 初対面の人とある程度話が進んでしまった後で、改めて自己紹介するときに使います。

▼近況を聞くとき

✕ 最近どうですか？

お変わりありませんでしたか？

実例 ご無沙汰しております。お変わりありませんでしたか？

POINT 相手の周囲に気づかいながら、相手の仕事や健康だけでなくプライベートな話にも発展できる便利な言い回しです。

▼突然訪問するとき

✕ いきなりおしかけてすみません。

突然お邪魔して申し訳ございません。

実例 突然お邪魔して申し訳ございません。ご挨拶にと思いまして、寄らせていただきました。

POINT 「お邪魔」は訪問する際によく使う表現です。久しぶりに訪問するときは、「近くへ参りましたので」などの言い方もあります。

▼約束をして会社に訪れたとき

✕ 経理部の○○さんはいますか？

経理部の○○様と、面会のお約束をいただいております。

実例 A社の佐藤と申します。経理部の鈴木様と面会のお約束をいただいております。

POINT 訪問先ではまず自分の名前を名乗り、約束をしていた旨を伝えるとスムーズです。

▼ 自分が担当者になったとき

✗ 担当が変わりまして…

○ 新しく担当になりました ○○と申します。

実例 新しく担当になりました、佐藤と申します。どうぞ何なりとご用命ください。

POINT 新しく担当になった場合の挨拶の言い方です。「何なりとご用命ください」をそえて、誠実な姿勢を示すのもよいでしょう。

▼ 着任の挨拶

✗ 未熟者ですが…

○ ご迷惑をおかけすることもあるかと思いますが…

実例 ご迷惑をおかけすることもあるかと思いますが、期待に応えるよう努めたいと思います。

POINT 新しい職場で働き始めるときや、新しく担当になったときの挨拶のフレーズです。

▼ 名刺を忘れたとき

✗ 名刺を忘れちゃいました。

○ ただいま名刺を切らしておりまして、ご挨拶だけで失礼いたします。

実例 ただ今名刺を切らしておりますので、ご挨拶だけで失礼いたします。

POINT 名刺が手元にない場合は、正直に「忘れました」と言うよりも、「切らしている」と言い換えるほうがスマートです。

▼ 気にかけてくれる相手に

✕ 気をつかわないでください。

○ **どうぞお構いなく。**

実例 ありがとうございます。どうぞ、お構いなく。

POINT 「暑くありませんか」などとこちらに気をつかってくれる相手への、気づかいの言い回しです。

▼ 上司を社外の人に紹介するとき

✕ こちらが、○○部長です。

○ **こちらが、私どもの部長の○○でございます。**

実例 ご紹介いたします。こちらが私どもの部長の佐藤でございます。

POINT 社外の人には、社内の人を敬称を省いて先に紹介します。そのあと「○○様でいらっしゃいます」と社外の人を紹介します。

▼ 菓子折りを持参したとき

✕ 皆さんで食べてください。

○ **よろしければ、皆さんで召し上がってください。**

実例 心ばかりの品ですが、よろしければ皆さんでどうぞ召し上がってください。

POINT 「召し上がる」は「飲食する」の尊敬語に当たります。贈り物をわたすときに、さらっと言えるとスマートな印象を与えます。

▼話を終わらせたいとき

✗ すみません。急いでおりますので…。

○ **申し訳ありませんが、本日は次の予定がありまして…**

実例 申し訳ありませんが、本日は次の予定がございまして…。

POINT 長びいた話を終わらせるときの言い回しです。時間を割いてもらったことに対するお礼の言葉を、最後にそえるようにしましょう。

▼別れ際の挨拶

✗ ○○さんによろしくね。

○ **○○さんにもよろしくお伝えください。**

実例 本日は貴重な時間をいただきありがとうございました。編集部の佐藤さんにもよろしくお伝えください。

POINT 相手だけではなく、周囲の人にも気づかいができると好印象です。別れるときに、さらっと言ってみましょう。

▼突然な訪問をしたときの別れの挨拶

✗ 連絡を入れてから来ます。

○ **ご連絡をしてからうかがいます。**

実例 本日はどうもありがとうございました。次回はご連絡をしてからうかがいますね。

POINT 「連絡を入れる」という表現は、社外の人には使いません。突然の訪問のときこそ、誠実な印象を与え別れるようにしましょう。

来客に応対する

会社を訪れた人はすべてお客様として丁寧に応対しよう。会社の顔として、礼儀を尽くしたおもてなしをするのじゃ。

▼来客を出迎えるとき①

✘ ようこそいらっしゃいました。

○ お待ちしておりました。

実例 お待ちしておりました。お越しいただきありがとうございます。

POINT 相手をむかえるときの挨拶の基本フレーズです。「おいでいただきありがとうございます」という言い方もあります。

▼来客を出迎えるとき②

✘ どうも。

○ いらっしゃいませ。

実例 いらっしゃいませ。お世話になっております。

POINT 来客への挨拶の基本フレーズです。接客業だけではなく、上司や同僚の来客にも使うことができます。

▼ 来てくれた人を気づかうとき

✗ 来ていただきましてありがとうございます。

○ ご足労いただきまして、ありがとうございます。

実例 お忙しい中、ご足労いただきましてありがとうございます。

POINT 面会当日に使う挨拶の言い方です。気づかいのフレーズのひとつとして、覚えておきたい言葉です。

▼ お客様に何が飲みたいか聞くとき

✗ 飲み物は何にしますか？

○ お飲み物は何になさいますか？

実例 お飲み物はコーヒー・紅茶・オレンジジュースがございますが、何になさいますか？

POINT 「する」の尊敬語である「なさる」を使い、相手の立場を尊重する言い方です。

▼ お客様を待たせてしまったとき

✗ 遅れてすみません。

○ お待たせして申し訳ありません。

実例 お待たせして申し訳ございません。

POINT 「すみません」を使うと、相手を軽んじている印象を与えます。お客様や目上の人に謝るときは、丁寧な言い方と真剣な表情で伝えましょう。

▼ どうしても立って挨拶できない状況のとき

✗ 座ったままですみません。

⭕ 座ったままで失礼いたします。

実例 座ったままで恐縮ですが、施設のご紹介をさせていただきます。

POINT 状況によっては立って挨拶ができない場合があります。自分の非礼を詫びつつ、挨拶したり話すときの言い方になります。

▼ アポイントを確認するとき

✗ アポはありますか？

⭕ お約束でございますか？

実例 恐れ入りますが、お約束でございますか？

POINT 会社を訪れた相手が、アポイントを取って来ている旨を言わなかったときは必ず確認をします。

▼ 誰と面会予定かがわからないとき

✗ 誰にご用ですか？

⭕ どの者とお約束ですか？

実例 恐れ入りますが、どの者とお約束でしょうか？

POINT 「誰に」と言うと相手にぶしつけな印象を与えます。ビジネスの場面では、「どの者」と表現します。

第2章 来客に応対する

▼ 相手の用件がわからないとき

✗ 何のご用ですか？

○ どのようなご用ですか？

実例 恐れ入りますが、どういったご用でしょうか？

POINT 「何のご用ですか？」も一見丁寧な言い方に見えますが、「何」を「どういった」「どのような」に言い換えるほうが丁寧な印象を与えます。

▼ お客様を待たせるとき

✗ こちらでお待ちいただく形になります。

○ 今しばらくお待ちいただけますか？

実例 部長の佐藤ですね。今しばらくお待ちいただけますか？

POINT 丁寧な表現にしようと「〜する形になります」を使いがちですが、これは間違った表現です。

▼ 話し込んでいる人に伝えることがあるとき

✗ ちょっといいですか？

○ お話中、申し訳ございません。

実例 お話中、申し訳ございません。○○様がいらっしゃったのですが…。

POINT 基本的には接客中などで話を中断させることは望ましくないですが、やむを得ないときは非礼を詫びてから判断を仰ぎましょう。

▼ トイレの場所を聞かれたとき

✗ お手洗いは、突き当たりになります。

○ **お手洗いは、突き当たりにございます。**

実例 お手洗いは、階段を下りた突き当たりにございます。

POINT 「〜になります」というのは、物が変化していくことを表す言い方です。「ある」ということを丁寧に伝えるには「ございます」が適切です。

▼ 来客の人数を尋ねるとき

✗ おふたり様でございますか？

○ **おふたり様でいらっしゃいますか？**

実例 何名様でいらっしゃいますか？

POINT 「ございます」という丁寧語でも失礼ではありませんが、お客様のことを言うには「いる」の尊敬語の「いらっしゃる」が適しています。

▼ 注文品がそろったか聞くとき

✗ ご注文の品はおそろいになりましたか？

○ **ご注文の品はそろいましたでしょうか？**

実例 ご注文の品はすべてそろいましたでしょうか？

POINT 注文したものが「おそろいになる」わけではありません。お客様がそろったかを聞きたいときは、「おそろいになりましたか」と聞きます。

▼お客様から商品の代金を預かったとき

✗ ○円からお預かりします。

◯ ○円をお預かりいたします。

実例 千円を頂戴いたします。

POINT 「〜から」という表現をよく聞きますが、これは正しい使い方ではありません。この場合「頂戴いたします」でも問題ありません。

▼来てくれた人にお礼を言うとき

✗ 来ていただきありがとうございました。

◯ お越しいただきありがとうございました。

実例 本日は雨の中、お越しいただきありがとうございました。

POINT 訪問者を送りだすときも、感謝の気持ちを伝えるようにしましょう。「雨の中」「お忙しい中」「遠方から」など言い換えることができます。

▼遅れて来たお客様に対して

✗ どうかなさいましたか？

◯ ○○がお待ちかねです。

実例 お越しいただきありがとうございます。社長がお待ちかねですよ。

POINT 約束の時間に遅れて来た人にも歓迎の気持ち示し、快く出迎えましょう。

承諾・同意する

単純な言い回しだけでなく、相手の心情を受け止めてこちらのやる気も伝えられると好印象じゃ。

▼相手の依頼を受けたとき①

✗ 了解しました。

⭕ 承知しました。

実例 納期変更の件、承知いたしました。

POINT お客様や目上の人からの依頼を受けるときは、あらたまった言い方が適切です。「了解しました」は、同僚や目下の人に対して使う言葉です。

▼相手の要求を受けたとき②

✗ わかりました。

⭕ かしこまりました。

実例 かしこまりました。少々お待ちいただけますか？

POINT 「承知しました」よりも、更に丁寧な承諾の表現です。誠意と感謝の気持ちが強調される伝え方です。

▼やる気を表現したいとき①

✗ やりますよ！

◯ 喜んでお受けします。

実例 佐藤さんの頼みでしたら、喜んでお受けいたします。

POINT うれしい気持ちを伝えることで、相手も仕事を依頼しやすくなり好印象です。「お役に立ててうれしいです」なども使えます。

▼やる気を表現したいとき②

✗ できないかもしれませんが…

◯ できるだけご希望に そえるように頑張ります。

実例 できるだけご希望にそえるように、誠心誠意努力いたす所存です。

POINT できそうにないことでも、「できるだけ」と前向きに検討する姿勢を伝えると相手に不快感を与えません。

▼相手の意見に同意するとき

✗ 確かにそうですね。

◯ おっしゃる通りです。

実例 佐藤さんのおっしゃる通りですね。

POINT 目上の相手に同調する相槌の言い方です。「なるほど」「たしかに」などの表現は、少々上から目線に感じさせてしまいます。

▼ 特に要求はないが返事をするとき

✗ これで大丈夫です。

異存ありません。

実例 面会日変更の件、異存ございません。

POINT 相手からの提案に対しては「大丈夫です」ではなく、大人の言い方をしましょう。「ご異存ありませんか？」と尋ねる使い方もあります。

▼ 相手に助けられたとき

✗ ありがたいお話で…

願ってもない話です。

実例 ちょうど集客に困っていたので、願ってもない話です。

POINT 相手から良い提案をもらったときの言い方です。提案を求めていた理由を説明した後にそえると自然です。

▼ 相手に頼ってもらいたいとき

✗ 何でも言ってください！

何なりとお申し付けください。

実例 使い方の件でご不明な点などございましたら、何なりとお申し付けください。

POINT ビジネスでよく使うフレーズです。「お気軽にお声をかけてください」と言い換えることもできます。

保留する

結論が出せないときや決断をするのに時間がかかるときは、相手を立てながらやわらかい言い回しで伝えるのじゃ。

▼上司にわかるかどうか聞かれたとき

✗ わかりません。

○ **経験がないので、教えていただいてよろしいですか？**

実例 経験がないのでわからないのですが、早急に調べてお返事いたします。

POINT 「わかりません」と言うと相手になげやりな印象を与えます。前向きに、取り組む姿勢や、アドバイスを求めてやる気をアピールしましょう。

▼問い合わせに答えられないとき

✗ わからないので担当者に伝えます。

○ **私にはわかりかねますので、担当者から連絡をさせます。**

実例 恐れ入りますが、私にはわかりかねますので担当者から連絡をさせます。

POINT どうしても自分では解決できそうにないことを聞かれたときは、別の人から連絡する旨を伝え協力的に接するようにしましょう。

▼ 考える時間がほしいとき

✗ ちょっと考えさせてください。

少しお時間をいただけますでしょうか？

実例 恐れ入りますが、この件に関しまして少しお時間をいただけますでしょうか？

POINT 対応に時間がかかりそうな案件や、他の方法も考えたい場合の保留のフレーズです。

▼ 確認する時間がほしいとき

✗ 間違っている気がするので…

間違いがあるといけませんので…

実例 間違いがあるといけませんので、確認して改めてご連絡させていただきます。

POINT 自分の答えに自信がないときや、提供した情報が正しいものかわからないときはこのフレーズで保留しましょう。

▼ 自分だけでは判断できないとき

✗ 私では判断できません。

再度ご連絡させていただいてもよろしいでしょうか？

実例 恐れながら、再度ご連絡させていただいてもよろしいでしょうか？

POINT 上司に意見を仰ぎたいときなども、この言い方で保留の意志を伝えることができます。

▼ 長い話を終わらせたいとき

✕ 今日はこのくらいにしましょう。

〇 **改めて、ゆっくりお話ししましょう。**

実例 今日のところはこれくらいにして、改めてゆっくりお話しをしませんか?

POINT 話が脱線してしまったときや、よくない方向に向かっているときなどは、一旦保留して後日改めて話すという手もあります。

▼ 忙しくて手がつけられないとき

✕ 後にしてもらっていいですか?

〇 **後ほどじっくり検討をさせていただきます。**

実例 恐れ入りますが、後ほどゆっくり検討させていただいてよろしいですか?

POINT 仕事を依頼されたが忙しくて手がつけられないときの言い方です。「ちゃんと考えている」という意思を伝えることができます。

▼ もう少し考えてから決めたいとき

✕ 時間をくださいよ。

〇 **もう少し社内で検討して、〇日までにお返事します。**

実例 大きな買い物になりますので、もう少し社内で検討して来月の1日までにお返事を差し上げます。

POINT その場で結論がでなくても、こちらから返事をする日を指定することで、相手も気持ちよく納得してくれます。

断る

ひきつづき仲良くしていきたい相手の提案や誘いには、次回への期待感を持たせる言い方で断るのじゃ。

▼できないことを持ちかけられて断るとき

✗ そのようなことはできません。

⭕ お力にはなれそうにありません。

実例 申し訳ございませんが、その件につきましては、お力にはなれそうにありません。

POINT できないということを、「力にはなれない」と言うことで、表現を柔らかくします。

▼どうしても対応できないとき

✗ 申し訳ありませんが…

⭕ やむなくお断りさせていただきます。

実例 今回のご依頼はやむなくお断りさせていただきます。

POINT 外部との関係もあり、自分や会社としてもどうしようもないときの断りの言い方です。

▼ きっぱりと断りたいとき

✕ お断りします。

○ **せっかくですが、お気持ちだけありがたく頂戴します。**

実例 せっかくのお申し出ではございますが、お気持ちだけありがたく頂戴いたします。

POINT 相手の気持ちをうけとっているという意思を伝えて断る言い方です。

▼ できないことを断るとき

✕ お受けしたいところですが…

○ **結構なお話ですが…**

実例 結構なお話ですが、今回は他社にお願いすることになりました。

POINT 感謝の気持ちとともに「今のタイミングでなければできる」というような、次回への可能性を残した断りの言い方です。

▼ 予定が入っていることを伝えるとき

✕ 予定が入っていまして…

○ **あいにくですが先約がございまして…**

実例 あいにくではございますが、先約がございます。

POINT 「あいにく」と言うと、結果的にそうなってしまったので残念だというニュアンスが伝わり、相手に嫌な気持ちをさせません。

▼ 今は引き受けられないとき

✗ 今回は無理です。

 今回は見送らせてください。

実例 願ってもないお話ですが、今回は見送らせてください。

POINT 「今回は」と言うことで次回の可能性を残す言い方です。ひきつづき関係を継続したい相手に使えます。

▼ 相手の望む結果につながらなかったとき①

✗ どうしても難しいですね。

 上司と相談したのですが…

実例 上司と相談したのですが、難しいとの回答でした。

POINT 自分一人で決めたわけではないというニュアンスが伝わる言い方です。「他の線も当たってみたのですが」などの言い回しもあります。

▼ 相手の望む結果につながらなかったとき②

✗ 残念ですが…

 お役に立てず残念です。

実例 お役にたてず残念です。また次の機会にどうぞよろしくお願いします。

POINT 相手の期待に応えたかったという気持ちが伝わる断り方です。次への期待感も持たせる言い回しです。

▼相手の気持ちに寄り添って断るとき①

✘ 気持ちはうれしいのですが…

○ 心苦しいのですが…

実例 大変心苦しいのですが、その件は他社に依頼することが既に決定しております。

POINT 「心苦しい」と言うことで、真剣に向き合っている姿勢を伝えながら断る言い方です。

▼相手の気持ちに寄り添って断るとき②

✘ 色々考えた結果…

○ 検討に検討を重ねましたが…

実例 検討に検討を重ねましたが、今回は見送らせていただいてよろしいでしょうか。

POINT 「よく考えて出した結果」だというのが相手に伝わる言い方です。結論を出すのに時間がかかったニュアンスが含まれるので、早く返事をするときには使えません。

▼直前になって予定を変更してもらうとき

✘ 予定を変更していただきたいのですが…

○ どうしても外せない急用が入ってしまいました。

実例 大変申し訳ないのですが、どうしても外せない急用が入ってしまいました。改めてお約束をいただきたいのですが、ご都合いかがでしょうか。

POINT 変に言い訳をせず、しっかりと謝罪をした上で、改めて約束をするようにします。

▼ 依頼されたが忙しくて対応できないとき

✕ 忙しいので対応できかねます。

 物理的に難しい状況で…

実例 物理的に難しい状況ですので、今回は遠慮させていただきます。

POINT 応じたい気持ちはあっても、状況が悪く期待に応えられないときに使える言い方です。

▼ 禁止されていることをお願いされたとき

✕ それは禁止されています。

 ご遠慮いただいております。

実例 申し訳ございませんが、この場所への駐車はご遠慮いただいております。

POINT 無理なことをお願いされたときや、禁止されていることを相手がやろうとしている場合の言い方です。

▼ しつこくお願いしてくる人に

✕ 会社が決めたことですので…

 私としてもなんとかしたいのですが…

実例 私としてもなんとかしたかったのですが、会社の方針で決定してしまいまして…申し訳ございません。

POINT 相手の要求に耳を傾けつつ、会社として対応できないというときに使えるフレーズです。

▼ しつこい要求を断りたいとき

✗ これ以上はもう無理です。

○ どうか事情をお察しください。

実例 どうか事情をお察しいただければ幸いです。

POINT 「ご容赦いただけませんでしょうか」「ご配慮をいただけないでしょうか」と言い換えも可能です。

▼ しつこい勧誘を受けたとき

✗ 今は結構です。

○ 間に合っておりますので、どうぞお引き取りください。

実例 その件に関しましては、既に間に合っております。

POINT しつこい勧誘や営業の電話に対しては、きっぱりと断ることが大切です。

▼ 目上の人の誘いを断るとき

✗ 予定が入っていまして…

○ またお声をかけていただけますと幸いです。

実例 またお声をかけていただけますと助かります。

POINT 目上の人からの誘いにも、相手の心づかいに感謝しつつ丁寧な言い回しで断るようにしましょう。

▼ 自分にはできないと伝えるとき

✕ 私などにはできません。

身に余る光栄ですが…

実例 身に余る光栄ですが、今回のお話は辞退させていただきたく存じます。

POINT 相手の気持ちを尊重しながら、丁寧に断りの気持ちを伝えましょう。感謝してから断ると相手も不快感を持ちません。

▼ 飲みに誘われたが、行けないとき

✕ 忙しいので、今回は無理です。

仕事が終わらなくて…。
また誘ってください。

実例 ごめんなさい、仕事が終わらなくて。また誘ってくださいね。

POINT 今回だけどうしても参加できない場合は、関係を断ち切らないような言い回しで断りましょう。

▼ 飲みたくないのにお酒をすすめられたとき

✕ 飲めないんです…。

せっかくですがご迷惑を
おかけすることになるので…

実例 せっかくですが、お酒を受け付けない体質でして…。ご迷惑をおかけすることになるのでお断りします。

POINT 体質を言い訳にすると、相手も無理を言えなくなります。「妻の体調が悪いもので」など、早く帰る旨を伝えて断る方法もあります。

謝る

謝り方を間違えるとトラブルになることも。心から詫びる気持ちを伝え、今後の対策を明確に示すのが大切じゃ。

▼謝るときの基本用語

✗ 申し訳ありませんでした。

○ **失礼いたしました。**

実例 先ほどは、大変失礼いたしました。

POINT 少しぶつかってしまったり、相手の名前を聞き間違えたときなどの軽い謝罪のときに使う言い方です。

▼大きな迷惑をかけたことを謝るとき

✗ 本当にすみません。

○ **大変ご迷惑をおかけし、申し訳ございません。**

実例 このたびは、大変ご迷惑をおかけし申し訳ございません。

POINT 相手に大きな迷惑をかけてしまった場合の、基本の謝罪の言い方です。ビジネスでよく使います。

▼組織としてお詫びの気持ちを伝えるとき

✗ 私だけの責任ではないので…

 ○○部全体の問題としてとらえ…

実例 営業部全体の問題としてとらえ、改善に努めてまいりたいと思います。

POINT 自分だけではなく組織として考えているという意思を示すことで、より深い反省の気持ちが伝わります。

▼大きな迷惑をかけてしまったとき

✗ お恥ずかしい限りです。

 慚愧（ざんき）の念に堪えません。

実例 プロであるにもかかわらずお客様にご迷惑をおかけし、慚愧の念に堪えません。

POINT 「慚愧」は自分の過ちに対して強く悔やみ恥じることです。改まった状況で謝罪をするときに使います。

▼相手の叱責に対して

✗ その通りだと思います。

 ご指摘の通りです。

実例 ご指摘の通りでございます。申し訳ございません。

POINT 相手の発言を受け止めているという意思表示の言い方です。「はい」と返事をするだけではなく、このフレーズを使ってみましょう。

▼自分のミスを詫びるとき

✗ 私の責任です。

○ **私の不注意です。深く反省しています。**

実例 申し訳ございません。私どもの不注意でした。深く反省しております。

POINT メールや手紙で伝える場合は、「私の不注意が招いたことだと、猛省しております」などとすると自然です。

▼クレームに対して詫びるとき

✗ 本当にすみませんでした。

○ **ご不便をおかけし申し訳ございません。**

実例 このたびは、ご不便をおかけし申し訳ございません。もしよろしければ、状況を詳しくお聞かせいただけますか？

POINT お客様からのクレームに対して詫びるフレーズです。詫びたあと状況の確認をし、対応を伝えましょう。

▼酔いつぶれて迷惑をかけたとき

✗ 昨日はすみません。

○ **醜態をさらしてしまい、申し訳ございません。**

実例 昨日は醜態をさらしてしまい、申し訳ございません。しばらく禁酒します。

POINT 接待や飲み会の席で失礼なことをしてしまった場合の、お詫びのフレーズです。

▼ 自分の非を詫びるとき

✕ 説明不足でごめんなさい。

 説明が至りませんでした。

実例 私の説明が至りませんで、大変失礼いたしました。

POINT 「わかりにくくてすみません」と言うと、相手に理解力がないような言い方になります。こちらが悪かったという姿勢で謝りましょう。

▼ 自分の非を詫びるとき②

✕ 私の勘違いでした。

 私の認識不足でした。

実例 私の認識不足でお客様にご迷惑をおかけし、大変申し訳ございませんでした。

POINT 勘違いなどで、相手に迷惑をかけた場合に使うお詫びの言い方です。こちらに非がなくても、大人の言い回しで対応しましょう。

▼ クレームに対して

✕ 今後はミスのないようにします。

 ご指摘を真摯に受け止め、今後に生かしてまいります。

実例 いただいたご意見を真摯に受け止め、今後に生かしてまいります。

POINT クレームを言ってきた相手へのお詫びの言い方です。解決したあとの、最後のあいさつとして使います。

▼ 事情や経緯を説明したうえで謝罪するとき

✕ ○○で申し訳ございません。

◯ 陳謝いたします。

実例 弊社システムの不具合で、甚大なご迷惑をおかけしたことを陳謝いたします。

POINT 陳謝とは「事情を述べて詫びること」です。ミスに至った事情や理由とともに使うのが一般的です。

▼ 深く反省していることを示すとき

✕ 二度とやりません。

◯ 肝に銘じます。

実例 ご忠告いただき、ありがとうございました。肝に銘じます。

POINT 「けっして忘れないようにする」という意味で、強い反省を示します。目上の人から注意を受けたときに使うフレーズです。

▼ 自分のミスを認めて謝るとき

✕ 恥ずかしいことをしてしまいました。

◯ お恥ずかしい限りです。

実例 プロである私どもが、お客さまからご指摘を受けるなど、まったくもってお恥ずかしい限りでございます。

POINT 謝罪だけでなく謙遜としても使える便利な言葉です。部下のミスを責められた上司が用いるときもあります。

▼ 自分のミスを詫びるとき

✗ うっかりしておりました。

○ あってはならないことでした。

実例 納期を間違えるなど、あってはならないことでした。

POINT こちらの非を全面的に認め、謝罪するフレーズです。「うっかり」と言うと、軽はずみな印象を与えるので避けましょう。

▼ ミスについて対応を聞かれたとき

✗ 原因を確かめます。

○ 早急に原因を究明します。

実例 早急に原因を究明し、原因が判明し次第貴社へご説明にうかがわせていただきます。

POINT ミスが起こったときは、謝罪するとともに原因と対策を伝える必要があります。次の行動を示して、信用を失わないようにしましょう。

▼ 失言をしてしまったとき

✗ 余計なことを言ってしまいました。

○ 軽はずみな発言でした。反省しています。

実例 私の軽はずみな発言でご迷惑をおかけしました。深く反省しております。

POINT 自分の言動で相手を怒らせてしまった場合の謝罪の言い方です。

▼ 部下の不手際を謝るとき

✗ 部下がご迷惑をおかけしました。

○ **今後は社をあげて再発防止に取り組んでまいりますので…**

実例 今後は社をあげて再発防止に取り組んでまいりますので、今回はどうかご理解いただけましたら幸いです。

POINT ミスした本人だけではなく、組織として考えているという態度を示せば、真剣さを感じさせることができます。

▼ 上司の代わりに謝るとき

✗ 上司がご迷惑をおかけしております。

○ **こちらの手違いでご迷惑をおかけして申し訳ございません。**

実例 こちらの手違いでご迷惑をおかけしてしまい、誠に申し訳ございません。

POINT 上司のミスであっても、会社全体のミスとして謝りましょう。日常の色々なミスに対して詫びるときに使える言い方です。

▼ 内情を知らずに迷惑をかけてしまったとき

✗ 事情も存じず、すみませんでした。

○ **事情を存じ上げずに、大変失礼いたしました。**

実例 お客様の事情を存じ上げず、大変失礼いたしました。

POINT 「存じ上げる」を使うのは、基本的に対象が人物に関することの場合です。「〜を存じておりません」は、対象が物品の場合に使います。

交渉する

こちらの意見を押し通すのではなく、相手が自ら決断してくれるよう誘導する言い回しが大切じゃ。

▼深く話を聞きたいとき

✗ 具体的に教えてください。

○ と言いますと？

実例 と言いますと？　たとえば、どんなことでしょうか？

POINT 具体的な話が見えてこないときに使う、話を促す言い回しです。「具体的に」言うと、相手が構えてしまいます。

▼提案に対して難色を示されたとき

✗ そう言う人が多いのですが…

○ 私もあなたの立場なら、そう考えると思います。

実例 私もあなたの立場なら、そう考えると思います。

POINT 相手に共感を示し、相手に自分が味方だと思わせる言い回しです。提案を始めるときの導入として使いたいフレーズです。

▼ 相手の気持ちを受け止めるとき

✗ あなたの気持ちはわかりますよ。

○ 重々お察しします。

実例 貴社のご事情も重々お察しいたしますが、弊社の状況もきわめて厳しいものがございます。

POINT どうにも対応できないような、無理な要求をされたときの切り返しのフレーズです。

▼ 本音を聞きたいとき

✗ 一番重視するのは何ですか？

○ たとえば、○○するなら何を一番重視なさいますか？

実例 もし、ご購入する場合はどのような点を一番重視なさいますか？

POINT 「もし」「たとえば」「仮にですよ」という仮定の言い回しをするだけで、相手は本音を話しやすくなります。

▼ 特別な印象を与えたいとき

✗ 他の人には言っていないのですが…

○ ここだけの話なのですが…

実例 ここだけの話なのですが、この商品は今期で生産終了となってしまいまして…。

POINT 相手に特別感を感じさせる言い回しです。「今後は手に入りにくくなると思われます」などと言うと、切迫感を伝えられます。

▼ サービスや商品を薦めたいとき

✗ お客様には、これが一番だと思います。

○○のほとんどは、この商品をお選びになります。

実例 お客様と同世代の女性のほとんどは、この商品をお選びになります。

POINT こちらから一方的に薦めるのではなく、"他の人もやっている"と伝えるだけで、押しつけがましくなく選ばれやすくなります。

▼ 少し協力してほしいとき

✗ そこを何とか！

最も懸念されることは何でしょうか？

実例 お客様が商品を購入する際に、最も懸念されていることは何でしょうか？

POINT 相手が協力してくれないときに、相手の悩みを聞きだす言い回しです。提案の方向性を決める質問でもあります。

▼ 相手の真剣度を確認したいとき

✗ どうして無理なんですか？

もし、○○の面をクリアしましたらご購入いただけるんですね？

実例 もし、コストの面をクリアしましたら、ご購入いただけるんですね？

POINT 相手の懸念点を洗い出し、購入をせまる言い回しです。イエスと言えば、相手はそれ以上断りにくくなります。

▼話を深掘りするとき

✗ 詳しくお聞きしたいのですが…

○ 立ち入ったことを お聞きしますが…

実例 立ち入ったことをお聞きしますが、ご予算はおいくらぐらいでしょうか?

POINT 相手の話をもっと深く聞きたいときの言い回しです。核心をついた質問をしたいときに使います。

▼経緯を知りたいとき

✗ ○○している経緯を教えてください。

○ なぜ○○が いま必要なのでしょうか?

実例 なぜシステムの改良がいま必要なのでしょうか?

POINT 相手の話を深掘りする質問フレーズです。経緯を聞くことで相手が何を最も求めているのかさぐることができます。

▼購買意欲を高めさせたいとき

✗ 損をしていますよ。

○ もったいないですよ。

実例 御社は優れた商品と技術をお持ちにもかかわらず、市場を開拓しきれていないのはもったいないと思いませんか?

POINT お客様の悩みや問題点を洗い出した後、相手のよさをほめつつ自社サービス(商品)の必要性を遠回しにアピールできる言い回しです。

▼ 自社のサービス（商品）を売り込みたいとき

✗ 弊社のサービス（商品）で、お客様の悩みを解決できますよ。

何かしらの対策をしないといけないでしょうね。

実例 弊社のサービスを使わないにしても、何かしらの対策をしないといけないでしょうね。

POINT 「お客様のケースだと弊社のサービスで解決できますが」と前置きをして言うと効果的です。相手に問題意識を持たせる言い回しです。

▼ こちらの話に興味を持たせたいとき

✗ 弊社のサービス（商品）は○○することができます。

皆さん確実に○○になります。なぜだと思います？

実例 ご存じないかもしれませんが、たったこれだけで確実に皆さんすぐ眠れるようになるんですよ。なぜだと思います？

POINT 相手に疑問を抱かせることで、話を聞いてもらう言い回しです。効果を押し出し、あとで秘密を公開します。

▼ 相手に心変わりをさせたくないとき

✗ 今買わないと、損しますよ。

他のお客様にご提案をしますが、よろしいですか？

実例 購入なさらないということですので、他のお客様にご提案をしますがよろしいですか？

POINT 人は一旦手に入れたものを失うことに不安を感じます。「実はこの商品は大変人気がございまして」と前置きして決断を迫るフレーズです。

▼ 対象を変えて再提案するとき

✗ このようなやり方じゃダメですか？

○ ○○だけ試すのは、どうでしょう？

実例 半年ではなく、1ヶ月だけ試すということでしたら、可能ですか？

POINT いきなりすべては受け入れられない相手に対して、別の提案をするときのフレーズです。

▼ メリットをアピールしたいとき

✗ ○○という点が懸念されますが…

○ ○○というデメリットはありますが、成功すれば○○が可能です。

実例 確かにコストがかかるというデメリットがありますが、成功すれば御社は業界No.1のシェアを獲得することが可能です。

POINT 交渉では、デメリットを先に伝えたあとに大きなメリットを伝えるほうが、相手に受け入れてもらえます。

▼ 話題を元に戻すとき

✗ 今回の目的は○○ですから…

○ しかし、今回の目的は○○することですね？

実例 今回の目的って、何でしたっけ？

POINT 話がそれてしまったときに、軌道修正するフレーズです。あえてとぼけて質問するという手もあります。

▼ 相手に決断を迫るとき

✗ どうなさますか？

 御社にとっても損のない話ではないでしょうか？

実例 御社の顧客層を考えると、損のない話だと思いますがいかがでしょうか？

POINT 決断しきれない相手に決断を迫るフレーズです。

▼ 視点を変えて提案したいとき

✗ やり方を変えましょう。

 ○○の視点から見ると…

実例 60代以降の購入者の視点から考えると、これでは親近感を感じられないのではないでしょうか？

POINT 相手に違う視点から考えてもらうための言い回しです。真っ向から否定せずに提案をする言い回しです。

▼ 考え直してほしいとき

✗ できないわけではないですが…

 決まったわけではございませんので…

実例 決まったわけではございませんので、もう少し考えてみましょう。

POINT 限られた選択肢の中から提案を考えるときに使えるフレーズです。「そうとは限りませんので」と言い換えることもできます。

第2章 交渉する

▼代替案を提案したいとき

✗ 弊社では対応できません。

○ **○○であれば、すぐにでも対応可能なのですが…**

実例 A案であれば、すぐにでも資材を調達することが可能なのですが、いかがいたしましょうか？

POINT 代替案を伝えるときの提案の言い回しです。できないと言うよりも、前向きに提案を持ちかけるほうが好印象です。

▼相手に再び連絡したいとき

✗ また連絡してもいいですか？

○ **どのくらいのタイミングで、ご連絡差し上げればよろしいでしょうか？**

実例 どのくらいのタイミングで、ご連絡差し上げればよろしいでしょうか？

POINT こちらのペースで相手に決断を迫ると、決めたがっている相手は不快に感じます。あくまで相手のペースに合わせた言い方で、距離を縮めましょう。

▼相手に決断をせまりたいとき

✗ もう少し安くなるかもしれませんが…

○ **もし、○○ができましたら、即ご購入いただけますか？**

実例 これから値段の交渉をしてまいります。もし、5万円の値引きを実現することができましたら、即ご購入いただけますか？

POINT 人は自分のために頑張ってくれる人には好意を抱きます。最後の押しの一言として使えるフレーズです。

誘う

相手に親しみの気持ちを示しつつ、相手が行きたい・参加したいと思える誘い方をするのじゃ。

▼キーパーソンを誘うとき

✗ ○○さんが来ないと盛り上がらないんですよ。

○ ○○さんがいないと始まらないんですよ。

実例 佐藤さんがいないと始まらないんですよ。

POINT キーパーソンを誘うときに使えるフレーズです。相手の自尊心を満たす言い方なので、目上の人に使うと効果的です。

▼食事に誘うとき

✗ ○○食べたくないですか？

○ ○○のおいしいお店を見つけました。

実例 魚料理のおいしいお店を見つけたんですよ。このあと、お食事でもいかがですか？

POINT 気軽に相手を誘うときの言い回しです。相手に「イタリアンの美味しいお店は知りませんか？」と聞いて誘うのも手です。

▼催しに誘うとき

✗ ぜひ来てください。

○ お誘いあわせのうえ、ぜひお越しください。

実例 何とぞお誘いあわせの上、ご来場賜りますようお願い申し上げます。

POINT 式典の案内など、規模が大きい催しの案内をするときに丁寧に誘うときの言い回しです。

▼目上の人を誘うとき

✗ 来てくださいよ〜！

○ いらしていただけたら、うれしいのですが。

実例 今日は社長もいらっしゃいますし、部長もいらしていただけたらうれしいのですが…。

POINT 目上の人を誘うときの言い回しです。いつも参加しない人を誘うときに使ってみましょう。

▼相手の申し出に応じるとき

✗ では、参加します。

○ お言葉に甘えさせていただきます。

実例 せっかくのお招きですので、お言葉に甘え喜んで出席させていただきます。

POINT 相手の申し出に応じるときの言い回しです。「ご好意に甘えて」「ご親切に甘えて」という言い方もあります。

説明・反論する

何を根拠として言っているのかを明確にし、相手が知りたいと思うことを聞かれる前に伝えると好印象じゃ。

▼議論の流れを整理したいとき

✗ 白熱してきましたね。

○ **少し意見を整理しておきますと…**

実例 店長からもご指摘いただきましたので、このあたりで、少し意見を整理しておきます。

POINT 会議が白熱し、方向性を改めて確認するときの進行役が使うフレーズです。

▼自分の意見を述べたいとき

✗ 私は、○○だと思います。

○ **○○の立場から意見を述べさせていただきますと…**

実例 営業の立場から意見を述べさせていただきますと、そのやり方では時間がかかりすぎるのではないでしょうか?

POINT どの立場で言っているのかを明確に示し、反論するときに使えるフレーズです。

▼ 会議・プレゼンの最初の挨拶

✗ 今日はありがとうございます。

○ **本日はお忙しいところ、ありがとうございます。**

実例 本日はお忙しいところ、お時間をいただきましてありがとうございます。

POINT 会議やプレゼンを始めるときの、進行役の挨拶の言い回しです。

▼ 説明を始めるとき

✗ じゃあ私のほうから説明します。

○ **それでは、ご説明いたします。**

実例 それでは、品質課の私よりご説明いたします。

POINT 自分が話すときの始めのフレーズです。このあと「今回の議題のポイントは3点あります」と、要点を簡潔に伝えるようにしましょう。

▼ 注目してほしいところを伝えるとき

✗ ○○に気をつけてください。

○ **○○の点にご留意いただけますと幸いです。**

実例 プロジェクターをお使いいただく際は、以下の点についてご留意ください。

POINT 気にとめておいてほしいときの、丁寧な言い回しです。「お体にご留意ください」は手紙の締め文に使われることが多いです。

▼ 特別に見せたいものがあるとき

✘ これを見ていただきたいのですが…

○ **ご覧に入れたい○○がございます。**

実例 本日、ここにいる皆さんにだけ、ご覧に入れたい資料がございます。

POINT 「ご覧に入れる」は「見せる」の謙譲語です。「見てほしい」という強い思いを伝えることができます。

▼ 資料を見てほしいとき

✘ ご覧ください。

○ **ご参照いただければ幸いです。**

実例 細かい売上データにつきましては、お手元の資料をご参照いただければ幸いです。

POINT 「参照」とは照らし合わせて見ることです。相手に改めて見てほしいものがあるときの言い方です。

▼ プレゼンの目的を伝えるとき

✘ 今回のプレゼンの目的は…

○ **なぜ、この話を皆さんにお伝えしたいかと言いますと…**

実例 なぜ、この話を今皆様にお伝えしたいかと言いますと、近年○○が問題になり始めているからなのです。

POINT 提案のテーマや目的を明確に示し、説得力をもたせる言い回しです。

▼ 自社をアピールするとき

✕ 今までになく画期的なシステムです！

○ 累計○○社で導入いただいております。

実例 この会計システムはすでに累計500社で導入いただいております。

POINT 相手にアピールするときは、第三者の意見や実績を示すと説得力があります。「弊社が1番高い評価をいただきました」なども使えます。

▼ 既知の事実を述べるとき

✕ わかっていると思いますが

○ 申し上げるまでもないとは思いますが

実例 A社が業界でNo.1のシェアを獲得していることは申し上げるまでもございませんが…

POINT 相手が知っているかもしれないが、改めてアピールしたいときに使えるフレーズです。

▼ 説得力を持たせるとき

✕ ○○の可能性が高いです。

○ ○○でも過言ではないかと思われます。

実例 御社の製品が、業界のシェアの9割を占めていると言っても過言ではないかと思われます。

POINT 実績の大きさや評価の大きさを示すときの表現です。「言いすぎではない」という意味で、事実を強調するときに使います。

▼詳しい説明を始めるとき

✘ ○○は○○という特徴がございまして、また…。

○ 結論から申し上げますと…

実例 結論から申し上げますと、どちらもメリットがあり一概にどちらがよいかは申し上げられません。

POINT わかりやすく相手に報告するための、前置きのフレーズです。「手短に説明いたしますと」と言って要点を伝える方法もあります。

▼相手の意見を求めるとき

✘ いかがでしょうか?

○ 忌憚(きたん)のないご意見をお聞かせください。

実例 忌憚のないご意見をお聞かせいただけると幸いです。

POINT 「忌憚」とは遠慮することです。相手に率直な意見を求める場合の丁寧な言い回しです。

▼自分の意見を述べたいとき

✘ 私的には…

○ 私見ですが…

実例 僭越(せんえつ)ながら、私見を述べさせていただきます。

POINT 自分の意見を述べ始めるときの、切りだしの言い方です。「僭越ながら」は、さらに改まった言い方になります。

第2章 説明・反論する

▼意見を求められたとき

✗ 特にありません。

○ ○○なことから、私は○○だと考えます。

実例 長年お客様からクレームがあることからも、私はこの新システムを今すぐ導入すべきだと考えます。

POINT 意見を求められた場合は、主語を「私」にして根拠とともに伝えることで印象がよくなります。

▼発言するとき

✗ ちょっといいですか？

○ 発言してもよろしいでしょうか？

実例 恐れ入りますが、発言してもよろしいでしょうか？

POINT 発言したいときの切りだしのフレーズです。質問をするときは、「少々お尋ねしてもよろしいでしょうか？」を使います。

▼相手に反論をするとき

✗ こちらにも言い分があります。

○ お言葉を返すようですが…

実例 お言葉を返すようですが、そのご意見には賛成いたしかねます。

POINT 少々きつい反論のしかたになるので、使う際は穏やかな口調で冷静に伝えましょう。

▼ 会議の方向性を見直したいとき

✗ 話が脱線していますが…

○ **そもそも、○○ではないでしょうか？**

実例 そもそも今回の会議の目的は、まずコストの面をどう解決するかということでしたね？

POINT 目的を確認しておきたいときに使えるフレーズです。「だとするならば」などを続けて、自分から提案を始めることもできます。

▼ 相手に意見を求めるとき

✗ そちらはどう思ってるんですか？

○ **そちらはどのようにお考えですか？**

実例 販売時期にについては、そちらはどのようにお考えですか？

POINT 相手に意見を求めるときの基本の言い回しです。「考えをお聞かせください」という言い方もあります。

▼ 相手の質問に即座に答えられないとき

✗ 現段階ではわかりませんが…

○ **後日お答えいたします。**

実例 恐れ入りますが、その件に関しましては、持ち帰って後日お答えいたします。

POINT 知らないことを聞かれたときの言い回しです。わからないことは正直に述べるようにしましょう。

▼ 知らされていないことを聞いたとき

✕ 聞いていません。

○ 左様でございましたか。初耳ですが…

実例 左様でございましたか。初耳なのですが、もう少し詳しくお教え願えますか？

POINT こちらが知らないことを相手が質問してきたときの、確認のフレーズです。前向きに取り組む姿勢を伝えるようにしましょう。

▼ 相手の間違いを訂正するとき

✕ 問題はないはずです。

○ お尋ねの件につきましては、○○のように聞いております。

実例 お尋ねの件につきましては、担当者より製品のフィルター部に問題があったと聞いております。

POINT 相手が間違った情報をもとに意見を言っているときは、具体的に事実を伝え説明するようにしましょう。

▼ プレゼンテーションを終わるとき

✕ 本日は以上になります。

○ ご不明な点はございませんか？

実例 新製品の説明は以上です。ご不明な点はございませんか？

POINT 会議やプレゼンが終わったら、疑問点を確認するようにしましょう。

報告・相談する

事実に対して、自分の考えを示した上で相談するのが報・連・相のマナーじゃ。

▼重要な相談を持ちかけるとき

✕ 相談したいことがあるのですが…

○ **お時間をいただいてよろしいでしょうか？**

実例 今少しお時間をいただいてよろしいでしょうか。

POINT 報告がある場合は、いきなり報告を始めるのではなく上司の都合を確認するようにしましょう。

▼上司に「今は忙しい」と言われたとき

✕ 何時がいいですか？

○ **何時ごろでしたら、ご都合よろしいですか？**

実例 ご相談があるのですが、何時ごろでしたらご都合よろしいですか？

POINT 忙しい上司には、前もって話す時間をとってもらうようお願いしましょう。

▼報告することが複数あるとき

✗ ○○の件は……となりまして、

○ 報告が4つございます。

実例 佐藤課長、先日の新商品の納品の件で報告が4つございます。

POINT 報告することが複数あるときは、最初に要件の数を先に数えるほうがスマートです。

▼大幅な計画変更が求められる状況のとき

✗ 困ったことになりまして…

○ 大変申し上げにくいのですが…

実例 大変申し上げにくいのですが、新商品の制作進行が大幅に遅れておりまして…。

POINT 大幅な変更の相談をする際の切り出しのフレーズです。客観的事実を具体的に説明しましょう。

▼お客様に怒られたとき

✗ ○○様に怒られました。

○ ○○様からお叱りを受けました。

実例 佐藤様からお叱りを受けました。

POINT お客様の感情を害してしまったときは、できるだけ早く率直に言いましょう。

▼ 上司から注意されて詫びるとき

✗ すみませんでした。

○ **以後気を付けます。**

実例 以後、このようなことがないよう気を付けます。

POINT 上司に注意された場合は素直に謝り、今後のやる気を伝えましょう。

▼ 個人的な見解を述べるとき

✗ ○○だと思います。

○ **私の考えでは、○○かと思うのですが…**

実例 私の考えでは、この件はB社のルートでお願いしたほうが早いと思うのですが…。

POINT 個人の意見を述べる場合、「私の考えでは」と強調して言うことで謙虚な印象になります。

▼ 上司に同行をしてもらいたいとき

✗ 一緒に来ていただきたいのですが…

○ **ご同席願えますか？**

実例 A社との交渉で、課長にご同席願いたいのですが。

POINT 「一緒」は相手と対等な関係で使う表現なので、目上の人に対しては使いません。

第2章 報告・相談する

▼ 納得しない上司を説得するとき

✕ 今はこのやり方が当たり前ですよ。

○ **○○社でも実績がでている前例があり…**

実例 同じ業界のB社でも前年比40％増の実績がでている前例があります。

POINT 規則や前例を重んじる人や慎重な人に提案したい場合は、数字や規則に則っている旨を伝えると聞く耳を持ってくれます。

▼ 上司の間違いを指摘するとき

✕ それは間違っているのではないでしょうか。

○ **私の間違いだと申し訳ないのですが…**

実例 私の間違いだと申し訳ないのですが、この部分は不要ではないでしょうか？

POINT 相手の間違いに気づいても、真向から否定することは避けましょう。こちらに非がある前提で伝えるほうが、相手に不快感を与えません。

▼ 上司の意見に反対したいとき①

✕ 私は反対です。

○ **見解の分かれるところではありますね。**

実例 見解の分かれるところではありますね。私としては、少しでも早くお願いしたほうがいいと思うのですが。

POINT 相手の意見に反対でも、中立な立場として冷静に反論する言い回しです。

▼ 上司の意見に反対したいとき②

✗ それはおかしくないですか？

○ ○○の可能性を考えると、○○もあると思うのですがいかがでしょう？

実例 ○○してしまう可能性を考えると、このやり方もあると思うのですがいかがでしょう？

POINT 「〜すべきだ」という断定した言い方はせず、相手に状況をイメージさせ選択させる言い回しをしましょう。

▼ 上司から意見がほしいとき

✗ どう思われますか？

○ ご意見をお聞かせ願えますか？

実例 私の考えは、この場合Ａ案で進めるべきと思うのですが、佐藤課長のご意見をお聞かせ願えますか？

POINT 上司に意見を求める前に、必ず自分の考えを述べてからうかがうようにしましょう。

▼ 上司からアドバイスがほしいとき

✗ 教えていただきたいのですが…

○ お知恵を拝借したいのですが…

実例 佐藤課長のお知恵を、ぜひ拝借したいことがあるのですが。

POINT 「お時間をいただいてよろしいですか？」という一言を忘れずに、上司には積極的にアドバイスをもらいましょう。

指示・フォローする

部下や後輩に注意するときは、相手のやる気を阻害せずポジティブな言い回しで伝えることが大切じゃ。

▼ 同じミスを何回もする部下に注意するとき

✗ 前にも言ったよね？

○ あなたならできるはずです。

実例 もう少し丁寧に仕事をしなさい。あなたならできるはずです。

POINT 部下を注意したあとは、勇気づける言葉でフォローをすることが大切です。

▼ 部下が仕事に前向きでないとき

✗ あなたのためを思って言っているんだよ？

○ やり遂げたら成長するよ。

実例 やり遂げたらきっと成長すると思うよ。頑張ってね。

POINT 「あなたのために」を強調すると、相手にプレッシャーをかけることになります。あくまで相手にメリットがあることを強調しましょう。

▼ **自信を持てない部下をはげますとき**

✕ 失敗を気にするな。

○ **フォローは私に任せなさい。**

実例 自分が正しいと思う仕事をして、フォローは私に任せなさい。

POINT 自信を持てない部下の背中を押す言い回しです。フォローをするという姿勢を伝えることで、部下も自信を持って取り組めます。

▼ **なかなか成長しない部下に注意するとき**

✕ なんでそんなこともできないの？

○ **どうすればできるようになると思う？**

実例 お客様はどういう人から買うと思う？

POINT 相手をとがめるのではなく、相手に前向きな質問をして自発的に考えさせる言い回しです。一緒に考えていく姿勢を示しましょう。

▼ **部下のちょっとしたミスを注意するとき**

✕ ○○には気をつけてね。

○ **私もよくやるから偉そうに言えないけど…**

実例 私もよくやるから偉そうに言えないけど、提出する前には必ず確認しないとね。

POINT 自分の経験を照らし合わせ、同じ目線で相手に伝えることで、相手も反発せず素直に受け入れることができます。

第2章 指示・フォローする

▼ ミスをして落ち込んでいる後輩に

✕ 誰でも失敗はあるよ。

○ 私も同じような失敗をたくさんしたよ。

実例 私も昔は同じような失敗をたくさんしたよ。

POINT 相手が自分と同じ失敗を経験していると、なぜか心強いものです。失敗の経験からのアドバイスのほうが、相手も自分ごととして受け止めることができます。

▼ 部下の言葉づかいが悪くて注意したいとき

✕ なんだその言い方は！

○ もう少し丁寧な言葉づかいのほうが、好印象だよ。

実例 お客様の前では、もう少し丁寧な言葉づかいのほうが好印象だよ。

POINT 「私も昔よく注意されたんだけど」と前置きをしてもよいでしょう。とがめるのではなく、前向きな言い方で行動を喚起しましょう。

▼ 部下のミスを注意したいとき

✕ 責任を持って仕事をしろ。

○ 私ももう一度確認しておけばよかったね。

実例 何度も申し訳ないね。私ももう一度目を通しておけばよかったね。

POINT 部下だけを一方的に責めるのではなく、自分にも非があったかもしれないという姿勢で伝えると、相手に受け入れられやすくなります。

▼ 部下が大きな仕事をやりとげたとき

✗ 運がよかったね。

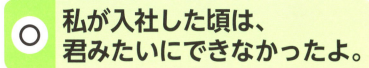

○ 私が入社した頃は、君みたいにできなかったよ。

実例 私が入社した頃は、君みたいにできなかったよ。

POINT 経験の少ない若手社員には、相手に少しでも自信をもたせるようにほめましょう。

▼ 部下がうまく仕事をやりとげたとき

✗ この調子で頼むよ。

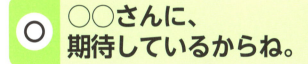

○ ○○さんに、期待しているからね。

実例 佐藤さんには、期待しているからね。

POINT 成功したときこそ、相手に期待を込めてほめましょう。何もないときに言うとプレッシャーをかけるので、使う頻度には注意が必要です。

▼ 後輩が怒られて落ち込んでいるとき

✗ 気にすることないよ。

○ 「大事なことは、本気だったかどうかだ」って松岡修造も言ってたよ。

実例 「真剣だからこそ、ぶつかる壁がある」って松岡修造も言ってるじゃないか。

POINT 有名人の発言を利用して、ユーモアをそえてはげましの気持ちを伝えるのも一つの手です。

お祝い・慰労・お悔やみ・お見舞い

式典などで使う定番の言い回しは覚えておきたいもの。どんなときも相手の気持ちに寄りそうことが大切じゃ。

▼式典などのお祝いの言い回し

✗ おめでとうございます。

○ 本日はおめでとうございます。

実例 本日はおめでとうございます。お招きいただき光栄です。

POINT 式典などで出席者が主催者側に言う言葉です。おめでたい席で使える一般的なお祝いフレーズです。

▼出産のお祝いの言い回し

✗ ご出産おめでとうございます。

○ 赤ちゃんのご誕生 おめでとうございます。

実例 赤ちゃんのご誕生おめでとうございます。男の子ですか？女の子ですか？

POINT 出産したことよりも赤ちゃんの誕生そのものを祝うので、こちらを使います。

▼ 忘年会での乾杯の挨拶の言い回し

✕ 1年お疲れさまでした！　乾杯！

〇 **◯◯の更なる発展を願いまして、乾杯！**

実例 乾杯の音頭を取らせて頂きます。皆さんの今年一年のご功労に敬意を示し、当社の更なる発展を願いまして、乾杯！

POINT 少々堅苦しい挨拶ではありますが、社内外問わず使える言い回しなので、覚えておくとよいでしょう。

▼ 栄転のお祝いの言い回し

✕ 転勤することになったのですね。

〇 **ご栄転おめでとうございます。**

実例 ご栄転おめでとうございます。新任地でのご活躍お祈りしております。

POINT 左遷や降格の場合は「新天地でのご活躍をお祈りしております」のみを使います。

▼ 葬式・通夜での言い回し①

✕ このたびは大変でしたね。

〇 **心からお悔やみ申し上げます。**

実例 このたびは急なことで…。心からお悔やみ申し上げます。

POINT 葬儀・通夜で、亡くなった人の遺族に向けて使う定番フレーズ。手紙でも使う言い回しです。

第2章 お祝い・慰労・お悔やみ・お見舞い

▼葬式・通夜での言い回し②

✗ これをどうぞ。

○ **このたびは ご愁傷さまでございます。**

実例 このたびはご愁傷さまでございます。ご霊前にお供えください。

POINT 葬儀・通夜で香典を渡す際に言いたい一言。「これを」などと言って、ぶしつけに渡さないようにしましょう。

▼見舞いのときの言い回し①

✗ 頑張ってくださいね。

○ **あせらずに、 ゆっくりご養生ください。**

実例 あせらずに、ゆっくりご養生ください。

POINT 「頑張ってください」と言うと相手にプレッシャーをかけることになります。相手の気持ちに寄りそった言葉をかけましょう。

▼見舞いのときの言い回し②

✗ またお会いしましょう。

○ **元気になったら、 一緒に○○しましょう。**

実例 元気になったら、一緒にゴルフに行きましょう。

POINT 具体的にやりたいことを伝えることで、親身になっている気持ちが伝わります。

第 3 章

つき合い上手になる！
親しみフレーズ

この章では、親しみのフレーズや困った状況を切り抜ける大人な対応の言い回しを紹介しています。5W1H（何を・誰に・いつ・どこで・なぜ・どのように）や、過去・現在・未来を意識して相手に伝えるのがコツです。

雑談する

相手が話すことに対しては、5W1Hで質問をして相手に興味を持っている姿勢を伝えることが大切じゃ。

▼あいづちで話をうながす

✗ へぇ〜！

〇 すごいですね！

実例 すごいですね！ よくそこにお気づきになられましたね！

POINT 相手が喜んでしている話には、驚きや喜びの気持ちを素直に示すと相手も話しやすくなります。

▼共感して話をうながす

✗ 大丈夫ですか？

〇 さぞかしお疲れになったことでしょう。

実例 先日の日帰り出張は、さぞかしお疲れになったことでしょう。

POINT 相手が悲しいときや疲れているときは、共感やいたわりの気持ちを示しましょう。

▼ 興味を示し話をうながす

✗ そうなんですね。

○ **知りませんでした。どうやって○○したんですか？**

実例 それは知りませんでした。どうやって受注したんですか？

POINT 「どうやって」それに至ったのか、一歩突っ込んで経緯や方法を聞いてあげると相手も話しやすくなります。

▼ 同意して話をうながす

✗ 本当ですか？

○ **なるほど！**

実例 なるほど！　そうなんですね。勉強になります。

POINT 「まさか」「ウソだ」というような否定的な相づちは、相手を不快にさせる恐れがあるので避けましょう。

▼ 感動の気持ちを伝える

✗ 最高です！

○ **こんなおいしい○○は、はじめて食べました。**

実例 こんなおいしい中華料理は、はじめて食べました。生きていてよかったです。

POINT 相手が連れて行ってくれたお店の料理を食べたとき、もらったものを食べたときは素直に気持ちを表現しましょう。

▼ さりげなくほめる

✗ ここはいいお店ですね。

○ **ご存じのお店は美味しいところばかりですね！**

実例 佐藤さんがご存じのお店は美味しいところばかりですね！今度接待にこのお店を使わせていただこうかなぁ。

POINT 何度か会っている相手との食事で使えるフレーズです。今度自分も利用したいという積極的な意思を伝えることで、相手も喜んでくれます。

▼ 地道な努力をしている人をほめる

✗ えらいですね。

○ **わかっていても、なかなかできませんよ！**

実例 佐藤さんはいつも仕事が丁寧ですね。わかっていても、なかなか続けられませんよ。

POINT ふだんから相手をよく見ていないと言えない一言です。自分のやっていることにきちんと向き合ってくれる人には好感を持ちます。

▼ 他の人が誤解しがちなところをほめる

✗ 思っていたより○○な人ですね。

○ **意外と○○ですよね。**

実例 佐藤さんはふだん口数少ないですけど、飲み会で仕事の話になると意外と熱いですよね。

POINT ふだん見えない部分をほめると、相手は「自分をわかってくれている」と感じます。「〜となると」「いざというとき」なども使えます。

▼ 男性から女性をほめる

✕ キレイですね。

家庭的ですね。

実例 佐藤さんは、家庭的だから料理もお上手でしょう。

POINT 女性をほめるとき、外見をほめるよりも内面的な部分をほめると、わざとらしくなく好感が持てます。

▼ 女性から男性をほめる

✕ 先輩のこと、尊敬します。

いつも的確なアドバイスをくださるので尊敬します。

実例 実例課長はいつも的確なアドバイスをくださるので、尊敬します。

POINT 男性には、仕事の内容を具体的に指摘してほめましょう。頼りにしていることや、周囲が評価している旨を伝えるとさらに喜んでくれます。

▼ お得な情報を提供する

✕ いいお店でしょう？

このお店は○○が有名なんですよ。

実例 このお店は、北海道産の高級あずきを使ったおはぎで有名なんですよ。

POINT 料理を食べに行くときや土産をわたしたときなど、お得な情報を提供して話のきっかけにしましょう。

▼ バリバリ働いている女性をほめる

✕ いつもキレイでカッコイイですね。

○ **篠原涼子みたいでカッコイイですね。**

実例　佐藤さんは篠原涼子みたいでカッコイイですね。

POINT　具体的に美人な女優の名前を挙げて、相手の"雰囲気"をほめるといやらしくなく好感が持てます。

▼ 変化に気づいてあげる

✕ 何かいつもと違いますか？

○ **○○変えました？おしゃれですね。**

実例　佐藤さん、メガネ変えました？　いつも、おしゃれですね。

POINT　相手がこだわる部分こそ変化があるはずです。相手の見た目などの変化に気づいたら、すぐにほめてあげましょう。

▼ こだわりを聞いてみる

✕ そちらの○○、カッコイイですね。

○ **実は、私もほしくて気になっていたんです。**

実例　iPhone 7をお使いですか？　実は、私もほしくて気になっていたんですが、使い心地はどうです？

POINT　持っている物をきっかけに話を広げる言い回しです。こだわりのある部分に質問をすると、相手も気持ちよく話をすることができます。

▼ 憧れの気持ちをを示す

✕ うらやましいですねぇ。

 話を聞いていると、○○したくなります。

実例 佐藤さんの話を聞いていると、すき焼きを食べたくなります。

POINT 家族の話をする相手には「結婚したくなります」、旅行の話をする相手には「行きたくなります」など、憧れの気持ちを伝えるフレーズです。

▼ コツを聞いてみる

✕ ○○って難しいですよね。

 ○○のコツってありますか？

実例 初心者でもできる、まっすぐ飛ばすコツってありますか？（ゴルフの話で）

POINT 相手が得意な分野の話をしている場合、教えてくださいという姿勢を見せることで相手の自尊心を満たすことができます。

▼ スポーツの話題で盛り上がる

✕ スポーツは何が好きですか？

 昨日の○○、見ました？

実例 昨日のサッカーの代表戦、見ました？

POINT 生放送のスポーツ番組やそのときに旬な祭典は話のきっかけになります。相手の応援しているチームを覚えておくのもポイントです。

▼ 相手の見た目・持ち物をほめる

✕ ○○、おしゃれですね！

○ **○○がとてもおしゃれですが、どこでご購入なさったのですか？**

実例 お持ちの鞄はとてもオシャレですが、どこでご購入なさったのですか？

POINT 相手のセンスをほめつつ自然と会話を広げる一言です。相手は自尊心が満たされ、快く話してくれるでしょう。

▼ 2人きりで気まずい空気のときに

✕ 最近どうです？

○ **最近、○○してます？**

実例 最近ゴルフの練習行ってます？

POINT 習慣的にやっていることを聞いたり、「先日は、ありがとうございました」などちょっとしたお礼を伝える手もあります。

▼ 趣味をさりげなく聞く

✕ 趣味はなんですか？

○ **今年のゴールデンウィークはどうされるんですか？**

実例 佐藤さんは今年のゴールデンウィークはどうされるんですか？

POINT 相手の予定を聞くことで、日ごろの趣味や家庭の話をさりげなく聞くことができる言い回しです。

▼自分の体験を話して興味をひく

✗ ○○ってご存じですか？

○ **先日、いま話題の○○に行ったんですよ。**

実例 先日、いま話題の『シン・ゴジラ』見てきたんですよ。見ました？

POINT 自分から話題を提供するときの言い回しです。相手が知らない情報を提供して、自分に興味を持ってもらうきっかけにしましょう。

▼飲める人かどうか聞いてみる

✗ お酒は飲めますか？

○ **よくお飲みになるんですか？**

実例 佐藤さんは、家ではよくお飲みになるんですか？

POINT お酒を飲める人か、飲みに誘えそうな人かを確認する言い回しです。直接的な言い方だと、相手が飲めない場合は気をつかわせてしまいます。

▼ハマっていることを聞いてみる

✗ ○○が好きなんですか？

○ **そういえば、○○さんて○○らしいですね。**

実例 そういえば、田所さんてあんパンを1日10個も召し上がるらしいですね。

POINT 周囲の人から聞いた情報をもとに、相手に話しかけるフレーズです。相手が自分と同じ趣味だと盛り上がります。

▼ 気になっていたことをあえて聞いてみる

✗ 質問してもいいですか？

○ **前からお聞きしたかったのですが…**

実例 前からお聞きしたかったのですが、佐藤さんは毎日あんパンを召し上がるんですか？

POINT ふだん詳しく聞けないことや聞きづらいことを、ズバリ聞きたいときに使えるフレーズです。

▼ こだわりを聞く

✗ ○○は好きですか？

○ **○○派ですか？**

実例 あんこは、つぶあん派ですか？ こしあん派ですか？

POINT 「好き」と聞くだけでは漠然としているので会話が弾みません。こだわりを突っ込んで聞いてみましょう。

▼ コンプレックスを開示する

✗ 私なんて…。

○ **実は私…○○なんです。**

実例 実は私、人見知りなんです。

POINT 自己開示をすると、相手にも心を開いてもらえます。コンプレックスだけでなく、意外な趣味などがあれば相手に強い印象を与えることができます。

▼同世代の人と共通の話題で盛り上がる

✗ 今の流行にはついていけないですね。

 私たちが学生のころは、○○が流行しましたね。

実例 私たちが学生のころはガンダムが流行りましたね。

POINT 過去の流行の話をしてみると盛り上がります。同世代の人となら、なつかしく感じるものは似ているので親近感を感じるはずです。

▼好きな異性のタイプを聞かれたら

✗ ジョニー・デップみたいな男性が好きなんです。

 新井白石みたいな男性が好きなんです。

実例 僕は、北条政子みたいなしっかりした女性がタイプです。

POINT 歴史上の人物を使って話題を提供する方法です。意外性があり、相手に突っ込んでもらえます。歴史好きの年配の方にもウケる可能性があります。

▼失敗を茶化されたら

✗ やめてくださいよ〜！

 生まれてきてすみません。

実例 （飲みすぎて迷惑をかけた次の日）生まれてきてすみません。しばらく禁酒します。

POINT 自分のキャラクターにもよりますが、仲の良い先輩の前で使える自虐フレーズです。相手が怒っている場合は、使わないようにしましょう。

▼ 昔の話を聞く

✗ ○○さんの昔の話を教えてください。

○ **○○さんが○○部で働き始めたころ、どんな感じでしたか？**

実例 佐藤さんが編集部で働き始めたころ、どんな感じでしたか？

POINT 目上の人に話をうながすフレーズです。相手や周囲の人の意外な一面が垣間見れ、盛り上がるかもしれません。

▼ 仕事のよかったエピソードを共有する

✗ 先日のプレゼン、うまくいってよかったですね。

○ **○○さんの最後の一言はよかったですね！**

実例 先日の会議の、佐藤さんの最後の一言はよかったですね！

POINT 仕事で活躍した人をほめるときに使えるフレーズです。コツコツ頑張って結果を出した人などを具体的にほめましょう。

▼ その人ならではの意見を聞いてみる

✗ 課長の意見を聞かせてください。

○ **課長だったらどうされますか？**

実例 佐藤さんだったら、決断で迷ったときどうされますか？

POINT 目上の人には、意見や経験を聞いて会話を盛り上げましょう。自分の仕事の悩みを聞いてもらうきっかけにもなります。

▼以前された話の経過を聞く

✕ 最近、どうですか？

 以前○○とおっしゃっていましたが、どうなったんですか？

実例 以前、おいしい和菓子のお店に行くとおっしゃっていましたが、行かれたんですか？

POINT 以前話したことを相手が覚えていてくれるとうれしいものです。相手も話しやすいので会話も自然と弾みます。

▼結果をフィードバックする

✕ 面白い映画を見たんですよ。

 以前おすすめいただいた映画、拝見しましたよ！

実例 佐藤さんにおすすめいただいた『シン・ゴジラ』、拝見しましたよ！

POINT 相手がくれたアドバイスには、結果を報告しましょう。「アドバイス通りにやってみたらうまくいきました」などと伝えると好印象です。

▼上司・先輩に甘えてみる

✕ また飲みに行きましょうよ。

 ○○の味が忘れられません。また連れて行ってください！

実例 年末に行ったフグ料理店のヒレ酒の味が忘れられません。また連れて行ってください！

POINT ごちそうしたことを覚えてくれていると、相手も「また連れて行ってやろう」という気持ちになります。更に仲を深めたいときに有効です。

▼ 共通の知人の話題をする

✕ どんなお仕事をされてるんですか？

 ◯◯さんとは、どのようなご関係なんですか？

実例 主催の佐藤さんとは、どのようなご関係なんですか？

POINT パーティーで会った人や紹介された人と、話をする場合に使える言い回しです。職業をいきなり聞くより、自然に会話を始められます。

▼ 軽い相談をする

✕ 実は妻のことで悩んでおりまして…

 女性がもらってうれしいものって何ですか？

実例 もうすぐ妻の誕生日なんです。女性がもらってうれしいものって何ですかね。

POINT 軽い相談なら、隙間時間に聞くことができます。アドバイスをくれた場合はお礼を言って、よい結果につながれば報告をしましょう。

▼ 子どもの話題で盛り上がる

✕ 息子がかわいくてしかたがないです！

 息子が◯◯できるようになったんですよ。

実例 最近、うちの息子が歩けるようになったんですよ。

POINT 家庭を持っている相手には、家族の話題をふってみましょう。子どもやペットの話など、ちょっとした相談をするのもよいでしょう。

困ったときの一言

ムッとすることを言われたら、相手の言うことを否定せずに視点をずらした受け答えでサラリとかわすのが得策じゃ。

▼ 特定の人の悪口を言ってくる人に

✗ 変な人ですよね。

○ **個性的な人ですね。**

⬇

実例　彼女は個性的な人ですからね。

POINT　悪口を言う相手の話には同調せずかわしましょう。「誰が聞いてるかわかりませんから」と言って、話をやめさせてもよいでしょう。

▼ 彼女いないの？　と聞かれたとき

✗ ほっといてくださいよ。

○ **さぁ、どうでしょう。ところで、○○さんは…**

⬇

実例　さぁ、どうでしょう。ところで、佐藤さんは奥さんとはうまくいってるんですか？

POINT　話したくないことには、質問返しをして相手に話をさせましょう。「ご縁ですから」「5人います」などとにごす方法もあります。

▼答えたくない質問をされたとき

✕ なんですか急に？

◯ **そう言えば、その話で思い出したんですけど…**

実例 そう言えば、その話で思い出したんですけど、あのコンビニの跡地に和菓子屋ができるらしいですよ。

POINT 答えたくない質問には、話題そのものを変えてしまうのも得策です。

▼同じ自慢話を何回も言ってくる人に

✕ 前もその話聞きましたよ。

◯ **その話はいつ聞いても、いい話ですよね。**

実例 その話はいつ聞いても、いい話ですよね。

POINT 同じ話を何度もしてくる人に使えるフレーズです。「さすが○○課長ですね」と、ほめつつ話をうながして終わらせてしまいましょう。

▼名前を間違って謝られた

✕ 忘れないでくださいよ〜！

◯ **私もよく自分の名前を間違えるんです。**

実例 お気になさらないでください。私もよく自分の名前を間違えるんです。

POINT ユーモアを含んだ、気づかいの気持ちが伝わる言い方です。年齢を間違われたときは、「名前」を「年齢」に変えて使えます。

▼面会時間に遅れてしまった

✘ バタバタしており遅れてしまいました。

○ **携帯を持たずに会社を出てしまいました。**

実例 大変申し訳ございません。携帯を持たずに会社を出てしまい、ご連絡できませんでした。以後、このようなことがないように気をつけます。

POINT まずはしっかりと謝罪をした上で、なぜ、遅れるという連絡ができなかったかの説明をして、今後、このようなことがないようにするということを伝えましょう。

▼ネガティブなことを言ってくる人に

✘ そんなことを言われてましても…

○ **逆に考えると、○○かもしれませんよ。**

実例 逆にそこはチャンスだと思って、やってみたほうがいいかもしれませんよ。

POINT 愚痴などのネガティブな話をしてくる人には、逆の発想法を伝え視点を変えさせましょう。相手を応援する気持ちを示すのもよいでしょう。

▼断ってもしつこく飲みに誘ってくる相手に

✘ いい加減にしてください。

○ **こちらからご連絡します。**

実例 今は忙しいので、予定が空きましたらこちらからご連絡します。

POINT しつこく誘ってくる相手に使う言い方です。「手元に手帳がなくて予定がわかりません」と言って、その場から逃げる手もあります。

▼下品な話をしてくる人に

✗ 下ネタ苦手なんです。

○ みんな同じような話をしますよね〜。

実例 男の人ってみんな同じような話をしますよね〜。そう言えば…

POINT 否定も肯定もせず、第三者目線で状況を観察する言い方。「女性の前でそういうこと言うと嫌われますよ」とハッキリ言ってもよいでしょう。

▼退職を願い出たら「後任が決まるまで待て」と言われた

✗ それはできません。

○ 次の職場との兼ね合いもあり、退職日は変えられません。

実例 申し訳ありませんが、次の職場との兼ね合いもあり退職日は変えられません。

POINT 「迷惑だから」という理由で退職をごねられる場合がありますが、丁寧な口調できっぱりと伝えることが大切です。

▼社内の目上の人に「最近どう?」と聞かれた

✗ ぼちぼちですね。

○ おかげさまで、毎日○○さんに鍛えられていますよ。

実例 毎日、佐藤課長に鍛えられていますよ。鈴木さんはどうです?

POINT 社内でお互い知っている人や共通の趣味の話、自分にふりかかっているピンチなどを話すと盛り上がります。

▼「もう、おばさんだね」と言われた

✗ あなたに言われたくないですよ。

○ おじさんかもしれないですよ。

実例 おじさんかもしれないですよ。言葉には、気を付けてくださいね。

POINT ムッとくることを言われたとき、ユーモアで返すのも一つの手です。「お姉さんの間違いでしょう？」など、強気で言い返してもよいでしょう。

▼「つまらない！ 考え直せ」と言われた

✗ 具体的に言われないとわかりません。

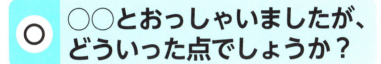
○ ○○とおっしゃいましたが、どういった点でしょうか？

実例 課長は「つまらない」とおっしゃいましたが、どういった点でしょうか？

POINT ムッとすることを言われても感情的になってはいけません。「どういった点が」「具体的に」などと言って突っ込んで聞いてみましょう。

▼「男のくせに（女のくせに）～もできないの？」と言われた

✗ ほっといてくださいよ！

○ ○○さんには参りました…。

実例 課長には参りました…。お手柔らかにお願いします。

POINT 「らしさ」を求めてくる相手には、はじめから降参の意思を示しましょう。甘えてみるのも印象を悪くしない方法の一つです。

▼「女だから仕事がとれたんだね」と言われた

✗ イヤミですか？

○ みなさんにご尽力いただいたおかげです。

実例 それよりも、みなさんにご尽力いただいたおかげですよ。特に佐藤さんには、助けられっぱなしでした。

POINT イヤミを言われた場合、相手の視点をずらす方法が有効です。あえて自分のことには触れず、感謝の気持ちを示し賢く受け流しましょう。

▼「人の迷惑を考えたことないだろ？」と言われた

✗ すみません…。

○ ご指摘ありがとうございます。

実例 ご指摘ありがとうございます。間違いに気づかないところでした。

POINT 悪い部分を指摘された場合、まずは感謝の気持ちを伝えましょう。冷静に相手の言いたいことを聞き、今後に活かす姿勢を示しましょう。

▼「どうせお前じゃムリだろうな」と言われた

✗ 力不足ですみません。

○ まだまだ力不足ですが、少しでもお手伝いできませんか？

実例 まだまだ力不足ですが、早く戦力になりたいので少しでもお手伝いできませんか？

POINT 経験者には経験値では勝てないので、真に受ける必要はありません。少しでも実務をやらせてもらう方が、後々自分の経験となります。

▼「おまえみたいなやつは、いくらでもいるんだ」と言われた

✗ じゃあ、他の人に頼めばいいじゃないですか。

○ **先輩みたいになれるように、頑張ります。**

実例　おっしゃる通りです。先輩みたいになれるように、頑張ります。

POINT　イヤミを言われた場合は、やる気を示してあえて真っ向から相手にしない方法もあります。

▼「なんで怒ってるかわかる？」と聞かれた

✗ わかりません。

○ **配慮が足りず、申し訳ありません。**

実例　配慮が足りず申し訳ありません。改善したいと思いますので、至らない点を具体的に教えていただけませんか？

POINT　相手が感情的になっている場合、反撃しないのが得策です。最初から冷静に教えを乞う方が、話が長引かず効率的です。

▼「君のやっていることはムダ」と言われた

✗ ごめんなさい…。

○ **相談に乗っていただけないでしょうか？**

実例　お力になれず申し訳ございません。現在プロジェクトの進め方で悩んでおりまして、相談に乗っていただけないでしょうか？

POINT　威圧的な発言をする人に真っ向から反論すると、攻撃がエスカレートします。具体的に解決策を聞くか、他の人に相談をしましょう。

第 4 章

電話・メールで使える！
便利フレーズ

この章では、電話やメールで使える便利な言い回しを紹介します。電話やメールは相手の顔が見えないコミュニケーションになるので、直接会って話す以上に丁寧な言い回しを心がけたいものです。

大人なら覚えておきたい電話の基本

明るい声でハッキリと話すのじゃ。

電話の基本をマスターしよう!

電話は、急いでいる場合に相手からの回答を得やすい連絡手段です。一方で、記録に残らず「言った・言わない」のトラブルになりがちなので、適切な場面を見極めて使いましょう。

電話での連絡が最適なとき
❶回答を早く得たいとき
❷相手の状況を確認したいとき
❸相手の感情を知りたいとき・気持ちを伝えたいとき

電話をかける手順
❶名乗る・挨拶する
❷用件を簡潔に伝える
❸挨拶して切る

電話にでる手順
❶名乗る・挨拶する
❷用件を聞く
❸内容の確認
❹挨拶して切る

丁寧な言い方の変換表

ふだんの言い方	丁寧な言い方
わたし	わたくし
わたしたち	わたくしども
あなた	～様　お客様
自分の会社	弊社　当社
相手の会社	御社　〇〇社様
誰	どちらさま　どなたさま
こっち	こちら
こんな	このような
あっち	あちら
そっち	そちら
どっち	どちら
もうすぐ	間もなく
すぐ	さっそく
やっと	ようやく
きっと	おそらく
ものすごく	たいへん
今	ただ今
ちょっと	少々
とりあえず	取り急ぎ
一応	念のため
じゃあ	では
今日	本日
あした	明日(みょうにち)
きのう	昨日(さくじつ)
この前	先日
さっき	先ほど
あとで	後ほど
～だから	～の旨
今回	このたび

電話をかける・うける

顔が見えないからこそ、明るくハッキリした声で感謝や気づかいの気持ちを表現するのじゃ。

▼電話をかけるとき

✗ お世話になります。

○ いつもお世話になっております。

実例 いつもお世話になっております。私、株式会社Aの佐藤と申します。

POINT 電話をかけるときの、挨拶のフレーズです。社名と部署名と名前をハッキリした声でゆっくりと名乗りましょう。

▼話したい相手に電話を代わってもらうとき

✗ ○○さんはおられますか？

○ 恐れ入ります。○○様はいらっしゃいますか？

実例 恐れ入りますが、佐藤様はいらっしゃいますか？

POINT 電話を担当者に代わってもらうときの言い方です。「おる」という謙譲語に「れる・られる」をつけても、丁寧な表現にはなりません。

▼担当者がわからないが話をしたいとき

✗ ○○がわかる人に代わってくれませんか？

○ **○○の件にお答えいただける方に代わっていただけませんでしょうか？**

実例 広告の件でご相談したいのですが、お答えいただける方に代わっていただけませんでしょうか？

POINT 会社に電話をかけるときなど、目的は決まっているが担当者がわからないときに使える言い方です。

▼かかってきた電話のついでに、自分の用件を話したいとき

✗ ついでで申し訳ないのですが…

○ **いただいたお電話で恐縮ですが…**

実例 いただいたお電話で恐縮ですが、佐藤さんはお手すきでしょうか？

POINT 相手から電話をもらったあと、ついでに自分の用件も伝えるときの言い回しです。

▼連絡してほしいとき

✗ 後ほどお電話をいただきたいのですが。

○ **お席にお戻りになりましたら、お電話を頂戴できますでしょうか？**

実例 恐れ入りますが、お席にお戻りになりましたらお電話を頂戴できますでしょうか？

POINT 電話をかけた相手が席をはずしていたり外出中のときの、折り返しの電話をお願いするときの言い方です。

▼ はじめて電話をした相手に

✕ 今いいですか？

○ ただ今お時間よろしいでしょうか？

実例 はじめてお電話いたします。A株式会社の佐藤と申しますが、ご注文の件でお電話しました。ただ今お時間よろしいでしょうか？

POINT はじめての電話では、電話の目的と気づかいの気持ちを伝えましょう。忙しいと言われたら、話せる時間を確認しておくとよいでしょう。

▼ 伝言をお願いするとき

✕ 伝言をお願いしたいのですが。

○ お言づけ願えますか？

実例 差しつかえなければ、お言づけ願えますか？

POINT 伝言をお願いする場合は用件を簡潔に伝えます。ややこしい用件は伝言で伝えず、電話に出られる時間を確認して再びかけましょう。

▼ 携帯電話にかけるとき

✕ ○○さんの携帯でいらっしゃいますか？

○ ○○様でいらっしゃいますか？

実例 夜分に失礼いたします。佐藤様でいらっしゃいますか？

POINT 個人の携帯電話にかける場合の気づかいをもった言い方です。昼休み中や休暇中などは、特に気を使った言い回しをしましょう。

▼ かかってきた電話に出るとき

✗ お世話になっております。

お電話ありがとうございます。○○社でございます。

実例 お電話ありがとうございます。株式会社ANKOでございます。

POINT 会社宛てにかかってきた電話をとったときに言う定番の挨拶フレーズです。

▼ 相手が名乗らなかったとき

✗ 誰ですか？

恐れ入りますが、どちらさまでしょうか？

実例 恐れ入りますが、どちらさまでしょうか？

POINT 相手が名乗らない場合に使えるフレーズです。お世話になっている相手なら「○○さんですね。いつもお世話になります」と感謝の気持ちを伝えましょう。

▼ 相手の電話の声が聞き取りづらいとき

✗ 聞こえません。

お電話が遠いようでございます。

実例 恐れ入ります。お電話が遠いようでございます。

POINT 電話をかけてきた相手の声が聞こえにくい場合の言い方です。「お声が小さいようです」などと相手を責める言い回しは避けましょう。

▼ つなぐべき担当者の名前が聞きとれなかったとき

✗ 誰宛ての電話ですか？

○ **もう一度、つなぎ先をおうかがいしてもよろしいでしょうか？**

実例 恐れ入りますが、もう一度つなぎ先をおうかがいしてもよろしいでしょうか？

POINT 「恐れ入ります。お電話が遠いようでして…」といった前置きをしてから言ってもよいでしょう。

▼ 担当者が不在のとき

✗ こちらから折り返しましょうか？

○ **戻り次第、こちらからお電話いたしましょうか？**

実例 ただ今佐藤は外出しております。戻り次第、こちらからお電話いたしましょうか？

POINT 担当者が不在の場合に、連絡をしたほうがいいのか確認するフレーズです。

▼「こちらから電話します」と言われたとき

✗ そうですか。

○ **お手数をおかけしてしまい申し訳ありません。**

実例 さようでございますか。お手数をおかけしてしまい申し訳ありません。

POINT 先方から電話すると言われた場合は、相手に面倒をかける旨を詫び、電話を切ったら担当者に電話があったことを伝えておきましょう。

▼ 伝言をうけとったとき

✗ わかりました。○○に伝えておきます。

**かしこまりました。
○○に、申し伝えます。**

実例 かしこまりました。では、佐藤さまからお電話があった旨、佐藤に申し伝えます。

POINT 「かしこまりました」は「承知しました」をさらに丁寧にした言い回しです。使えるとより誠実な印象を与えます。

▼「折り返してほしい」と言われたとき

✗ 連絡先を教えていただけますか？

**お電話番号を
お聞かせいただけますか？**

実例 恐れ入りますが、お電話番号をお聞かせいただけますか？

POINT こちらから改めて電話をかける場合、連絡先を必ず聞くようにします。ハッキリした声で復唱しながら、メモをとります。

▼ 電話をかける・うける

✗ 電話中でして…

**あいにく
別の電話に出ております。**

実例 申し訳ございません。佐藤はあいにく別の電話に出ておりまして…。

POINT 「あいにく席をはずしております」「○○はあいにく休みをとっております」など色々使える、電話応対の基本フレーズです。

▼担当が帰宅して会社にいないとき

✕ 本日○○は帰宅しました。

○ **本日○○は、退社いたしました。**

実例 申し訳ございません。本日佐藤は、退社いたしました。

POINT 帰ったと伝えると角が立つ場合は、「本日は終日外出をしており戻りません」と伝えるのもありです。

▼確認事項があり相手を待たせるとき

✕ お待ちください。

○ **○○いたします。少々お待ちいただけますか？**

実例 担当におつなぎいたします。少々お待ちいただけますか？

POINT 電話をかけてきた相手を待たせるときの言い方です。相手を待たせる場合は30秒以内を心がけましょう。

▼間違い電話に出たとき

✕ 間違えてかけていませんか？

○ **何番におかけでいらっしゃいますか？**

実例 こちら株式会社ANKOでございますが、何番におかけでいらっしゃいますか？

POINT 相手が間違って電話をかけてきていると感じた場合、まずはかけている電話番号を確認します。

▼ 別の課あての電話がきたとき

✘ かける場所が違います。

○ その件は○○課で
おうかがいしております。

実例 その件は品質課でおうかがいしております。おつなぎいたしますので少々お待ちください。

POINT 相手がかける部門を間違えている場合、適切な部門を伝え担当課につなぎましょう。

▼ 無理な対応を迫られたとき

✘ それはできません。

○ いたしかねます。

実例 恐れ入りますが、そちらはいたしかねます。

POINT 「できかねます」よりも丁寧な断りの言い回しです。自分では決められない場合は「私ではわかりかねます」と伝えましょう。

▼ 担当者はいるが手が離せそうにないとき

✘ 長引くかと思うのですが…。

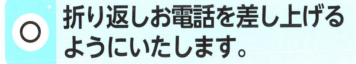
○ 折り返しお電話を差し上げる
ようにいたします。

実例 恐れ入ります。あいにく少々時間がかかりそうですので、折り返しお電話を差し上げるようにいたします。

POINT 担当者が会議中や、来客に対応中で手が離せない場合、相手に折り返しの電話をかけることを伝えましょう。

▼取り扱ってない商品について問い合わせがきたとき

✗ 取り扱ってないですね。

○ **残念ながら、○○といった商品は弊社で取り扱いがございません。**

実例　残念ながら、ANKOUといった商品は弊社で取り扱いがございません。

POINT　「残念ながら」「申し訳ございませんが」とクッション言葉を使って現状を伝えます。

▼相手が何か言いたそうなとき

✗ 何かご伝言はございますか？

○ **私でよろしければ伝言を承りますが…**

実例　私でよろしければ伝言を承りますが、いかがいたしましょうか？

POINT　担当者がいない・担当者が他の電話に出ている場合、伝言を聞いて伝える方法もあります。その場合は必ず、メモをとりましょう。

▼電話の相手を待たせてしまったとき

✗ お待たせしました。

○ **お待たせして大変申し訳ございません。**

実例　お待たせして大変申し訳ございません。お問い合わせの商品ですが、現在在庫を切らしております。

POINT　相手を長く待たせてしまった場合は、まず待たせた旨のお詫びをしましょう。

▼問い合わせにすぐ答えられないとき

✗ 私にはわかりません。

○ **お調べして、ご連絡いたします。**

実例 恐れ入りますが、私にはわかりかねますので、お調べして後ほどご連絡いたします。

POINT 自分では判断がつかない問い合わせや、調べるのに時間がかかりそうな場合、折り返し電話する旨を伝えましょう。

▼クレームの電話に

✗ すみませんでした。

○ **このたびは不快な思いをおかけして誠に申し訳ございません。**

実例 このたびは、不快な思いをおかけして誠に申し訳ございません。差しつかえなければ、詳しく教えていただけますか。

POINT 相手が不快な思いをして電話をしている場合は、まずお詫びの気持ちを伝えます。その後、詳細に状況を聞き、対応を判断します。

▼相手が納得したか確認するとき

✗ わかりましたか?

○ **ご不明な点はございませんか?**

実例 商品Aにつきましては以上になりますが、ご不明な点は他にございませんか?

POINT 相手が理解しているか、まだ不満をかかえていないか聞くことができると、丁寧で相手に好印象です。

▼ クレームの電話の最後に

✗ お電話ありがとうございました。

○ **貴重なご意見ありがとうございました。**

実例 本日は貴重なご意見ありがとうございました。私、佐藤が承りました。

POINT クレームの電話に対しては、意見をくれたことに感謝の気持ちを示し、自分の名前を伝えて電話を切りましょう。

▼ (海外からの電話)相手の名前を知りたいとき

✗ Who are you?

○ **May I have your name, please?**
（メイ アイ ハブ ユア ネーム プリーズ）
（お名前をお聞かせ願えますか？）

実例 May I have your company name?
（社名をお聞かせ願えますか？）

POINT つづりが分からない場合、Could you please spell your name?（名前のつづりを教えていただけますか？）と伝えて、メモをしましょう。

▼ (海外からの電話)相手を待たせるとき

✗ Wait a minutes.

○ **Hold the line, please.**
（ホールド ザ ライン プリーズ）
（少々お待ちください）

実例 Hold the line, please. I'll get an English speaker.
（アイル ゲット アン イングリッシュ スピーカー）

POINT 聞き取れない場合はI'll get an English speaker.（英語が話せる者と代わります）と伝えて、話せる人に代わってもらいましょう。

▼（海外からの電話）担当者から折り返し電話をさせるとき

✗ I will call you.

○ **I'll have the person in charge call you back.**（担当者から折り返しお電話いたします）

実例 I'll have the person in charge call you back. May I have your phone number, please?

POINT 連絡先を聞くときはMay I have your phone number, please?（電話番号を教えていただけますか？）と言います。

▼（海外からの電話）もう一度言ってほしいとき

✗ Say again?

○ **Could you say that again?**（もう一度言っていただけますか？）

実例 Excuse me, could you say that again?

POINT 相手が早口の場合、Could you speak more slowly?（もう少しゆっくりお話しいただけませんか？）と伝えてみましょう。

▼（海外からの電話）担当者が席にいないとき

✗ He is not here.

○ **○○ is not at his / her desk. Should I have him/her call you back?**（担当者は、席をはずしております。折り返しましょうか？）

実例 Mr.Sato is not at his desk. Should I have him call you back?

POINT ○○ is out of office right now.（ただ今○○は事務所におりません）という言い回しもあります。

電話をうけるときの ⑩ のポイント

電話をうけるとき、下の10個のことに気をつけましょう。

1 ペンとメモを用意する。

2 明るい声で対応する。

3 相手の会社名・所属部署・名前・連絡先を確実に聞き、用件をメモする。

4 複雑な頼まれごとをされた場合は、復唱して確認する。

5 自分の名前を伝える(とくにクレームの場合)。

6 迷惑をかけた場合は、まず謝罪する(とくにクレームの場合)。

7 否定・決めつけの表現を使わない。

8 次の対応・対策を伝える(とくにクレームの場合)。

9 最後に、感謝の気持ちを伝えて終わる。

10 相手が切ってから静かに受話器を置く。

電話をかけるときの 10 のポイント

電話をかけるとき、下の10個のことに気をつけましょう。

| 1 | ペンとメモを用意する。 |

| 2 | かける時間は迷惑ではないかを確認する。 |

| 3 | 相手の所属部署を確認しておく。 |

| 4 | 声のトーンを明るくする。 |

| 5 | 話す時間があるか確認する。 |

| 6 | 用件を簡潔に伝える。 |

| 7 | 大切なことは、最後に念押しの復唱をする。 |

| 8 | 急いでいる場合は期日を明確に伝える。 |

| 9 | 最後に、感謝の気持ちを伝えて終わる。 |

| 10 | 静かに受話器を置く。 |

大人なら覚えておきたいメールの基本

入力したあと、必ず一度確認してから送るのじゃ。

メールの基本をマスターしよう！

メールは、文字として履歴を残しておきたいときや急を要しないが伝えたいことがあるときに有効な連絡手段です。相手が確認しているかわからないので、急ぎの場合は電話を使います。

メールが最適なとき
❶同時に複数の人に連絡したいとき
❷文字として履歴や証拠を残しておきたいとき
❸急を要しないが、確認してほしいことを伝えるとき

メールの構成
❶宛先（相手のメールアドレス）
　CC ： 情報共有したい相手
　BCC ： 宛先の相手に知らせず情報共有したい相手
❷件名（用件が一目でわかるよう簡潔に）
❸宛名（名前の間違い・敬称の抜けには注意）
❹あいさつ→本文→むすび（内容は簡潔に示す）
❺署名（発信側の連絡先）

宛名の書き方

対象	社内	使用例	社外	使用例
個人宛て	部署名 名字+さん(様)	営業部 佐藤さん	会社名 部署名 フルネーム+様 ※「様」と「御中」は併用しない。	A商事 第2営業部 佐藤幸一様 同時に複数の人に送る ※各位を使ってもよい。 株式会社○○ 佐藤幸一様、山田花子様 株式会社○○商事 佐藤幸一様 (CC:山田花子様)
個人宛て	役職者の場合 名字+役職名 ※役職名のあとに「さん」はつけない。	佐藤部長	役職者の場合 会社名 部署名+役職名 フルネーム+様	A商事 営業部長 佐藤幸一様
会社宛て			会社名 御中 または 会社名 部署名+御中	A商事 経理部御中 担当者の名前がわからない A商事 ○○ご担当者様
大勢の人宛て	各位 関係者各位 ※「殿」はつけない。 ※目上の人にも使える。			人事部各位 会員各位 株主各位 プロジェクトチーム各位

社外向けの丁寧な呼称

対象	社内・自分	社外・相手
個人	わたくし　わたし	あなた　貴殿　先生
複数人	わたくしども　わたしども　一同	ご一同様　各位
社員	弊社社員　弊店員　弊行員	貴社員　貴店員　貴行員
会社	弊社　小社　当社	御社　貴社　貴会社
店	弊店　弊舗	御店　貴店
銀行	当行	貴行　御行
事務所	弊所	貴事務所　貴所
学校	当校　本校	貴校　御校
病院	当院	貴院　御院
団体	当組合　当協会	貴組合　御組合　貴協会　御協会
場所	当地　当地方　当方	貴地　御地　貴方
氏名	氏名　名	ご芳名　ご貴名
手紙	手紙　書面　書中	ご書状　お便り　ご書面

メールを送る

文字で伝える場合は、相手に悪く勘違いされない言い回しで丁寧に伝えるようにするのじゃ。

▼面識のない人にメールを送るとき

✗ はじめまして。

○ はじめてメールをお送りいたします。

実例 はじめてメールをお送りいたします。A株式会社営業部の佐藤幸一と申します。

POINT 冒頭に使う挨拶です。「このたびは突然のメール失礼いたします」も使えます。名前はフルネームで示すようにしましょう。

▼用件のみ伝えるとき

✗ メールですみません。

○ メールにて失礼いたします。

実例 メールにて失礼いたします。昨日お問い合わせいただいた件について、お知らせいたします。

POINT 直接話して説明するまでもないが、相手に報告をしたいときのメールの冒頭に使います。

▼連絡の目的を伝えるとき

✗ 〜したいのでメールしました。

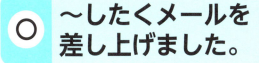
○ 〜したくメールを差し上げました。

実例 新商品の納期の件で確認したく、メールを差し上げました。

POINT お願いしたいことを伝えるときに使う言い回しです。「〜したいので」と書くより、スマートな印象を与えることができます。

▼指示や情報がほしいとき

✗ ご教授ください。

○ ご教示ください。

実例 在庫状況についてご教示いただければ幸いです。

POINT 「教授」は学問など特定の技芸を伝え教えることなので、この場は間違いです。

▼長年ひいきにしてもらっている相手に

✗ お心づかいいただき…

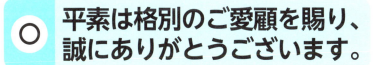
○ 平素は格別のご愛顧を賜り、誠にありがとうございます。

実例 平素は格別のご高配を賜り厚くお礼申し上げます。

POINT お世話になっているクライアントへのメールの冒頭で使うフレーズ。「ご愛顧」の部分を、「ご高配」「お引立て」に変えて使うこともできます。

▼まだ会ったことがない人への挨拶

✗ お会いするのを楽しみにしています。

○ お目にかかれるのを楽しみにしております。

実例 お誘いありがとうございました。当日お目にかかれるのを楽しみにしております。

POINT はじめて会う人に送る、メールのしめくくりに使えるフレーズです。相手に親しみの気持ちを伝えることができます。

▼相手に無理をお願いしたあとの感謝

✗ 本当にありがとうございます。

○ 重ねてお礼申し上げます。

実例 お忙しいにも関わらず課長自ら手続きをしていただいたとのこと、営業部一同重ねてお礼申し上げます。

POINT 「○○部一同」などを入れると、会社としてお礼を言う場合にも使えます。詫びる場合は、「重ねてお詫び申し上げます」と言います。

▼人を紹介してもらったとき

✗ ご紹介いただき、ありがとうございます。

○ ご縁をいただきありがとうございます。

実例 すてきなご縁をいただきありがとうございます。

POINT 「○○さまのお口添えのおかげで」など、紹介者の名前を出して使うと、より丁寧です。

▼相手の姿勢にお礼を言いたいとき

✗ 急いでいただいてすみません。

○ **さっそく、ご対応いただきありがとうございます。**

実例 お忙しい中、さっそくご対応いただきありがとうございます。

POINT こちらのために協力してくれた相手には、謝るよりも感謝の気持ちを伝えましょう。

▼報告するとき

✗ ご報告がございまして…

○ **〜について、ご報告申し上げます。**

実例 お問い合わせいただきました商品の納品時期について、ご連絡申し上げます。

POINT 挨拶のあと、メールの主旨を一言で伝えるフレーズです。「ご報告」を、ご連絡・ご案内・ご返答・ご依頼などに変えると、色々な場面で使えます。

▼相手の心づかいに感謝するとき

✗ ありがとうございました。

○ **おかげさまで○○することができました。**

実例 おかげさまで、たくさんの参加者を集めることができました。ありがとうございました。

POINT お世話になった相手にお礼を言うときに使えるフレーズです。

▼ 相手の提案を断るとき

✗ お断りします。

○ **ご遠慮申し上げます。**

実例 社内で検討した結果、このたびは雑誌での広告掲載をご遠慮申し上げます。

POINT 相手の提案を断るときに使える丁寧な表現です。似た表現の「ご辞退申し上げます」は目上の人からの依頼や葬儀などの改まったシーンで使います。

▼ 相手の要望に応えられなかったとき

✗ お手数をおかけしたのに…

○ **せっかく○○していただきましたのに…**

実例 せっかく商品をご注文いただきましたのに、在庫切れとのことで大変ご迷惑をおかけいたしました。

POINT 相手の希望に沿えなかったときに使うフレーズです。後に「ご意向に沿えず申し訳ございません」をつけて、相手に謝る使い方もあります。

▼ こちらの状況を理解してほしいとき

✗ 〜はできません。

○ **〜が難しい状況です。**

実例 現在、悪天候の影響で10日までの納品が大変厳しい状況です。

POINT 相手の希望に沿えないときに使う、現状説明のフレーズです。この後に、代替案を提案できると親切です。

▼ 問題に至った経緯を説明するとき

✗ ○○が原因で起こってしまいました。

○ 今回の○○の原因は、○○した結果と深く反省しております。

実例 今回の発注ミスは、私の確認不足の結果と深く反省しております。

POINT 直接相手に謝ったあと、原因や対策をメールで報告する際に使えるフレーズです。

▼ 迷惑をかけた旨謝るとき

✗ 迷惑をおかけしてすみません。

○ 心よりお詫び申し上げます。

実例 多大なご迷惑をおかけしておりますことを、心よりお詫び申し上げます。

POINT 謝るときに使える定番フレーズです。相手に真摯な印象をもって伝わります。

▼ やむなく決定したことを知らせるとき

✗ ○○することになりました。

○ 誠に不本意ながら○○を決定した次第です。

実例 原油価格の高騰のため現状価格の維持が困難な状況になり、誠に不本意ながら値上げを決定した次第です。

POINT 「不本意ながら」は、やむを得ない状況を説明するときのフレーズです。

▼ ミスに対して今後のやる気を示したいとき

✗ これからは更に頑張ります。

○ **今後は○○できるよう、努力していく所存です。**

実例 今後はこのようなことが起こらないよう、再発防止に努める所存です。

POINT ミスをして謝罪をした後にやる気を伝える一言をそえると、真剣さが伝わります。

▼ あらかじめ了解してほしいことを伝えるとき

✗ ご承知ください。

○ **お含みおきください。**

実例 万一ご欠席なさいましても、ご参加料の返金はいたしかねますのでお含みおきください。

POINT あらかじめ相手に了承しておいてもらいたいことを伝えるフレーズです。目上の人にも使える表現です。

▼ 受領した旨のお知らせ

✗ 受け取りました。

○ **まずは、受け取りの確認とお礼まで。**

実例 お送りいただいた資料をゆっくりと拝見いたします。まずは、受け取りの確認とお礼まで。

POINT 荷物を受け取ったときに使う定番のお礼の言い回しで、メールの最後に使います。お礼だけの場合は、「まずは、お礼申し上げます」を使います。

▼確認してほしいとき

✗ 確認してください。

○ ご査収(さしゅう)ください。

実例 見積書を送付いたしました。ご査収のほど、よろしくお願いします。

POINT 相手に受領と確認を促す定番フレーズです。口語では使わず、文章で使う丁寧な言い回しです。

▼URLや添付ファイルをつけて送るとき

✗ 参考にしてください。

○ ご参照ください。

実例 先日の会議の決定事項を資料にまとめました。ご参照いただければ幸いです。

POINT 添付ファイルやURLを確認してほしいときに使うフレーズです。URLの場合は「下記のサイトをご参照ください」などと示します。

▼相手の体を気づかうとき

✗ お大事にしてください。

○ ご自愛ください。

実例 まだまだ暑い日がつづきますので、くれぐれもご自愛ください。

POINT 暑中見舞いをメールでくれた相手や、久しぶりに連絡をくれた人に対する気づかいのフレーズです。

▼お願いや注意事項を伝えるとき

✗ そのため

○ つきましては

実例 つきましては、下記の通り緊急で全体会議を開催いたしますので、各位万障繰り合わせてご参加ください。

POINT 「そのため」や「そこで」という意味で、前述のことに基づきお願いや注意事項を伝える言い方です。メールや文書でよく使います。

▼記入・添付して返信してほしいとき

✗ 返信してください。

○ 〜のうえ、ご返信願います。

実例 恐れ入りますが、お名前とご住所をご記入の上10月10日までにご返信願います。

POINT 相手に返信をお願いする場合に使えるフレーズです。「お手隙のときに」だと忘れられるので、期限を明確に示しておきましょう。

▼メールの確認を忘れていたとき

✗ うっかり見落としていました。

○ 失念しておりました。

実例 申し訳ございません。メールの確認を失念しておりました。

POINT 「忘れていました」と伝えるとぶしつけな印象を与えます。謝罪の言葉とともに使うようにしましょう。

▼すでに決定しているが正式に依頼するとき

✗ 伝わっているかと思いますが

〇 お聞き及びかと思いますが

実例 課長からすでにお聞きおよびかと思いますが、HPの更新を佐藤さんに担当していただきたいと考えております。

POINT 目上の人に「聞いていると思いますが」「知っていると思いますが」と言うと上から目線な印象を与えます。丁寧な言い回しで伝えましょう。

▼目上の人の気づかいを断るとき

✗ ～しなくて結構です。

〇 ～には及びません。

実例 お越しいただくには及びません。

POINT 目上の人に「結構です」と言うと、ぶしつけな印象を与えます。この言い方だと、「苦労をかけたくない」という気持ちが伝わるので好印象です。

▼目上の人をねぎらうとき

✗ お疲れさまでした。

〇 お疲れさまでございました。

実例 昨日の親睦会はお疲れ様でございました。

POINT 支社など、遠くから来た社内の目上の人へのお礼フレーズです。メールでは特に丁寧な言い回しを心がけましょう。

▼メールで簡単に挨拶するとき

✗ メールでの挨拶、失礼いたします。

○ メールでの挨拶で恐縮ですが

実例 メールでの挨拶で恐縮ですが、20日付で東京支社へ異動となりました。

POINT 異動になったときなど、挨拶をメールでするときに使う冒頭のフレーズです。

▼ちょっとしたお詫びの気持ちを伝えるとき

✗ メールですみませんが…

○ 取り急ぎお詫び申し上げます。

実例 メールにて恐縮ですが、取り急ぎお詫び申し上げます。

POINT 相手の誘いを断らざるを得ないときなど、ちょっとしたお詫びのときにメールの最後に使う言い方です。

▼断りを承諾するとき

✗ それは残念なことです。

○ 機会がございましたら、ぜひお声かけくださいませ。

実例 ○○とのこと、確かに承りました。また機会がございましたら、ぜひお声かけくださいませ。

POINT 「お忙しい中ご協力いただきましたこと、重ねてお礼申し上げます」と感謝の気持ちを示すのもよいでしょう。

▼異動・退職前にお世話になった人にお礼を伝えるとき

✕ お世話になりました。

○ **在職中は○○さんに大変お世話になりました。**

実例 在職中は佐藤さんに大変お世話になり、感謝の念に堪えません。

POINT 今の職場を退職する際に使う感謝を伝えるフレーズです。

▼今後もお世話になる人に挨拶するとき

✕ 今後ともよろしくお願いいたします。

○ **今後ともご指導ご鞭撻(べんたつ)のほど、よろしくお願いいたします。**

実例 20日付で東京本社へ異動となりました。今後ともご指導ご鞭撻のほど、よろしくお願いいたします。

POINT 異動後にもお世話になる人には、丁寧な言い回しで挨拶をしておきましょう。

▼新しい職場・部署で働くときの挨拶

✕ ○日から○○社で働いています。

○ **○日付で○○勤務となりました。**

実例 メールでの挨拶で失礼いたします。20日付で営業部勤務となりました。

POINT 異動になったときの挨拶のフレーズです。退職の際は「20日をもちまして、株式会社Aを退職する運びとなりました」と言います。

▼年末の挨拶①

✗ 今年もあと少しですね。

○ **今年も残すところ、あとわずかになりました。**

実例 今年も残すところ、あとわずかになりました。佐藤様には1年間大変お世話になり、ありがとうございました。

POINT お世話になった人に送る年末の挨拶のフレーズです。

▼年末の挨拶②

✗ 12月28日までの営業となります。

○ **12月28日で仕事納めとなります。**

実例 弊社は12月28日で仕事納めとなります。新年は5日から営業を開始いたします。

POINT 年末の挨拶メールでは、仕事納めの日と新年の営業開始日を伝えます。

▼年末の挨拶③

✗ 通常通り

○ **平常通り**

実例 1月6日　平常通り営業（箇条書きで示す）

POINT 「通常」には「いつも通り」という意味が含まれるので、「通常通り」だと意味が重複します。この場合は、平常通りと示します。

▼年末の挨拶④

✕ 来年もよろしくお願いします。

○ **引き続きお力添えいただきますよう、よろしくお願いいたします。**

実例　来年も引き続きお付き合いいただきますよう、よろしくお願いいたします。

POINT　「お力添え」の部分を、「お付き合い」「ご協力」に変えて使うこともできます。

▼年明けの挨拶①

✕ 新年明けましておめでとうございます。

○ **明けましておめでとうございます。**

実例　謹んで新年のお喜びを申し上げます。

POINT　「明けましておめでとうございます」と「新年」は重ねて使いません。

▼年明けの挨拶②

✕ 去年はお世話になりました。

○ **昨年はお世話になり、ありがとうございました。**

実例　昨年は、お世話になりありがとうございました。本年も更なるサービス向上を目指し、誠心誠意努める所存でございます。

POINT　昨年お世話になった人に感謝の気持ちを示しつつ、今年1年のやる気を伝えましょう。

▼ お祝いの挨拶①

✗ おめでとうございます。

○ **心よりお祝いを申し上げます。**

実例 このたびは東京支部へご栄転とのこと、心よりお祝いを申し上げます。

POINT 栄転する目上の人に使うお祝いのフレーズです。左遷などの場合は使わないようにしましょう。

▼ お祝いの挨拶②

✗ おめでとうございます。

○ **このたびは、ご開店おめでとうございます。**

実例 このたびは、新社屋の完成、誠におめでとうございます。

POINT 「ご開業」の部分を「ご開店」「会社設立」「ご開院」などに変えて使うことができます。

▼ お祝いの挨拶③

✗ ますますの発展を願っています。

○ **さらなるご発展を祈念いたします。**

実例 今後ますますのご活躍と、貴社のさらなるご発展を祈念いたします。

POINT 相手にお祝いの挨拶をするとき、メールの最後に使うフレーズです。冒頭では「心よりお慶び申し上げます」を使います。

▼お祝いの挨拶④

✕ おうかがいしますね。

○ **改めて挨拶にうかがいます。**

実例　改めて新会社にご挨拶にうかがいます。まずはメールにて、お祝いのご挨拶まで。

POINT　お祝いのメールの最後に使う言い方です。異動になったときの挨拶のメールでも使うフレーズです。

▼お祝いの挨拶⑤

✕ 今後ともよろしくお願いいたします。

○ **一層のお引き立てを よろしくお願いします**

実例　今後ともかわらずお引き立てのほど、よろしくお願い致します。

POINT　「お引き立て」は顧客からひいきにしてもらうことです。一度だけの取引でも、お祝いや感謝の気持ちを示すときに使います。

▼お歳暮(お中元)をもらったとき

✕ お歳暮の贈り物をいただき…

○ **お歳暮をいただき…**

実例　このたびは、お歳暮(お中元)の品をお届けいただき、ありがとうございます。

POINT　お歳暮(お中元)に贈り物の意味が含まれるので、並べると意味が重複します。

メールを送るときの **10** のポイント

メールを送るとき、下の10個のことに気をつけましょう。

1 件名・宛名・あいさつ・本文・むすび・署名を入れる。

2 件名は内容の想像がつくよう示す。

3 24時間以内に返信する。

4 結論が出せなくても、メールを確認した旨の返事をする。

5 1行は25～30文字程度にする。

6 事実と意見を分けることを意識して書く。

7 複雑なことは箇条書き・別ファイルにまとめて示す。

8 依頼をするときは期日を明確に示しているか確認する。

9 冒頭や結びは、お礼やねぎらいの言葉を入れる。

10 謝罪メールでは、ミスやトラブルの原因と対策を示す。

Column

好印象を与えるメールのコツ

文章の量・文面の堅さを相手に合わせる

相手の文章が長ければこちらも長く、短ければ短く返信します。相手の文面が堅い場合は堅く、やわらかい場合はこちらもやわらかい表現で返信しましょう。

冒頭もしくはむすびで相手を思いやる

メールは簡潔に伝えるのが基本ですが、気づかいの気持ちを一言そえることができると好印象を与えることができます。

体調を気づかう

- お忙しいと思いますが、お体にお気をつけ下さい。
- 寒くなりましたので、どうぞお体に気をつけて下さいませ。
- ふだんのお疲れが出たのでしょう。ご無理なさいませんように。

応援する

- 陰ながら応援させていただきます。
- これからも素晴らしい作品を描き続けてください。応援しています。
- どうぞお元気でご活躍されますように。

感謝する

- お礼の気持ちを伝えたくてメールをしました。
- 私どもの意図を汲み取っていただき、感謝しております。
- ○○さんのサポートがなければ、対応しきれませんでした。

あとがき

　この本を手に取ってくださった方の中には、「社会人だから相手に迷惑をかけたくない」「間違った言葉づかいで恥をかきたくない」と思っている方もたくさんいらっしゃるでしょう。

　もちろん、相手に迷惑をかけないことは大人として大切なことです。しかし、生きていると人に迷惑をかけたり、かけられたりは日常茶飯事です。

　迷惑をかけて「すみませんでした」と謝ったあとには、「今後はミスをしないよう精いっぱい頑張ります」「教えてくださってありがとうございました」と、前向きな言葉で相手にやる気や感謝の気持ちを表現する。
　迷惑をかけられたときに、「なんでそんなこともできないの？」よりも、「私もよくやっちゃうんです」「私も気をつければよかったね」「どうやったら、よくなるかな？」と、相手を和ませたり、寄りそったりする言葉で相手を思いやる気持ちを表現する。

　これができれば、お互いがもっとよい関係になれると思いませんか？

気持ちの込もった言葉を使える人には、その言葉に引き寄せられて、思いやりのある人が集まり、仕事も充実します。
　ムッとすることを言われたとき、ちょっと落ち着いてプラスの言葉で相手に返せないか考えてみてください。

　正しい言葉の知識や語彙力はもちろんですが、"相手を思いやる言葉の語彙力"が、あなたの中にどれだけあるか、この本で考えていただければうれしいです。

佐藤幸一

佐藤幸一
(さとう・こういち)

1961年生まれ。大阪府出身。

大学卒業後、大手広告代理店で働きはじめるも、月間200時間にもおよぶ残業と、職場の人間関係トラブルに悩まされ3年で退職。その後両親が営む会社で働きはじめたが、業績の悪化により会社が倒産し多額の借金を背負う。就職活動で悩んだことがきっかけで、コミュニケーションや心理学を研究するようになる。その後、不動産会社の営業として再就職を果たし、5年で借金を完済。現在はコンサルタントとして、大手企業の人材育成・職場コミュニケーション活性化支援をライフワークとしている。大好物は、あんパンと餃子。

たった一言で印象が変わる!
モノの言い方事典

2017年 1月 9日　初版発行
2021年10月20日　12刷発行

著　者　　佐藤　幸一
発行者　　野村　直克
発行所　　総合法令出版株式会社
　　　　　〒103-0001
　　　　　東京都中央区日本橋小伝馬町15-18
　　　　　EDGE小伝馬町ビル9階
　　　　　電話　03-5623-5121

印刷・製本　　中央精版印刷株式会社

ⓒ Koichi Sato 2017 Printed in Japan　ISBN978-4-86280-536-2
落丁・乱丁本はお取替えいたします。
総合法令出版ホームページ　http://www.horei.com/

本書の表紙、写真、イラスト、本文はすべて著作権法で保護されています。
著作権法で定められた例外を除き、これらを許諾なしに複写、コピー、印刷物
やインターネットのWebサイト、メール等に転載することは違法となります。

 視覚障害その他の理由で活字のままでこの本を利用出来ない人のために、営利
を目的とする場合を除き「録音図書」「点字図書」「拡大図書」等の製作をする
ことを認めます。その際は著作権者、または、出版社までご連絡ください。

好評既刊

問題を解くだけで
すらすら文章が書けるようになる本

山口拓朗 著　定価 1,100 円 + 税

1 万人に文章指導をしてきた著者が、誰でも伝わる文章を書けるようになる方法を伝授。自分に質問しながら文章力を高められる「自問自答トレーニング」を軸に、どんな文章でも書けるようになる「12のトレーニング」を用意しました。くり返し解くだけで、誰でも「伝わる」「読みやすい」文章が書けるようになります！